KB202884

시편 읽고
시편 쓰자

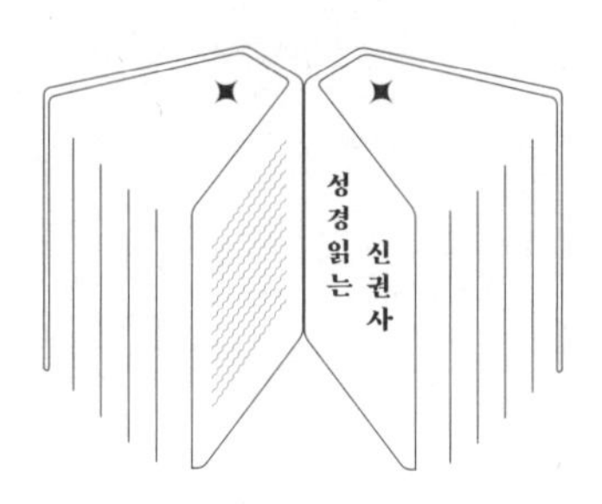

시편 읽고
시편 쓰자

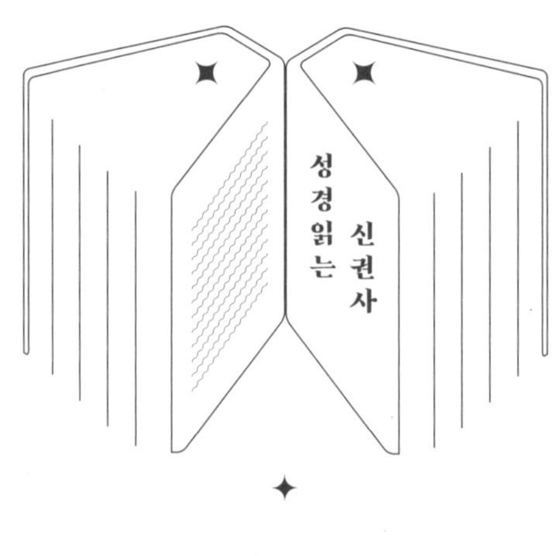

신은경 글

마음의숲

하나님께 한 걸음 더 나아가는 필사를 위한 신권사 팁

1. 유튜브 채널 '위드바이블'의 〈성경읽는 신권사〉 시편을 들으며 하나님의 말씀을 마음속에 띄워놓습니다. 성경을 펴놓고 들어도 좋고, 녹음과 함께 나오는 성경 본문을 읽으며 들어도 좋습니다. 눈으로 글씨를, 귀로는 소리를 듣습니다.
2. 출퇴근 길에, 집 청소를 하며, 아침 명상 때, 밤에 잠이 오지 않을 때, 화가 치밀어 오르거나 짜증으로 가득 차 마음을 가라앉히고 싶을 때 성경 말씀을 들어보세요. 영상을 틀어놓고 듣기만 해도 하나님이 내 마음에 들어오시는 것을 느끼게 됩니다.
3. 내 마음을 오롯이 무언가에 쏟고 싶은 조용한 시간에 쓰면 좋습니다. 내 손에 익숙한 펜을 꺼내서 일단 써보세요. 한 절을 소리 내어 읽은 후 쓴다면 마음밭에 잘 새겨집니다.
4. 오늘의 시편을 다 쓰고 나면 '말씀으로 익어가는 포도송이'의 포도알을 채웁니다. 매일, 혹은 일주일에 하루씩 꾸준히 써나가며 마음밭에 심어진 포도나무 한 그루를 잘 길러보세요.

말씀으로
익어가는
포도송이

시편 읽고 시편 쓰며
마음의 포도나무를 길러보세요

나는 포도나무요 너희는 가지라
그가 내 안에, 내가 그 안에 거하면 사람이 열매를 많이 맺나니
나를 떠나서는 너희가 아무것도 할 수 없음이라
| 요한복음 15:5 |

16
17
18
19
20
21
22
23
24
25
26
27
28
29
30

2024년 7월《잠언 읽고 잠언 쓰자》를 출간하고 난 이후 은혜가 폭포수같이 쏟아졌습니다. 9월에는 신은경 권사와 함께 하는 12명의 필사단을 선정해 날마다 필사하고 사진을 찍어 자신의 SNS에 올리는 챌린지를 했고요. 그중에서 가장 성실하게 쓰시고 은혜가 넘쳤던 분들을 뽑아 시상도 했습니다.

이어서, 10월부터는 도르가 권사님의 헌신으로 온라인으로 모여 매일 필사를 하는 잠언 필사단이 조직되었습니다. '신은경 권사와 함께 하는 잠언 필사단'이라고 이름을 붙였습니다. 필사단이라고 하니 무슨 독립운동하는 조직 이름 같지요? 그만큼 '필사적으로 필사하는' 모임이었답니다. 하루도 빠지지 않고, 하루도 밀리지 않고, 필사적으로 필사를 했으니까요.

첫 달에는 26명, 11월에는 40명, 12월에는 55명이 저와 함께 썼습니다. 저는 필사 마라톤을 뛰시는 분들을 위해 페이스메이커로

넉 달째 함께 썼고요, 새해 들어서도 계속 쓰고 있습니다. 물론 이 모임 외에도 많은 교회에서 소그룹 차원으로 필사를 시작하셨고, 개인적으로 쓰고 계신 분들은 더 많았습니다.

임신한 딸을 위해 친정어머니가 필사하며 기도한다고 하신 분도 계셨고, 연약한 믿음이 단단해지며 마음 부자가 되고 영혼이 영글어가는 시간이었다고 고백하기도 했습니다. 남편의 암 수술과 항암 기간에 필사를 하시며 마음을 다지신 분, 필사하는 순간 순간 입술에 감사를 달고 살게 되었다는 분도 계셨습니다.

한 번씩 필사가 끝날 때마다 은혜가 폭포수처럼 임했습니다. 그저 성경 말씀을 펜으로 베껴 쓰는 것인데 그게 무슨 큰 은혜가 될까 의아해하며 시작한 일이 놀랍게도 엄청나게 큰 열매를 가져다준 것입니다.

지난해는 필사의 해라고 해도 좋을 만큼 필사가 많은 분의 관심을 불러일으켰다고 합니다. 한 언론에서는 마치 타오르는 불을 멍하니 보며 명상하는 '불멍'처럼 필사하며 마음을 가다듬는 '글멍'이 유행이라고 주목하며, 펜으로 잠언이나 유명한 구절을 베껴 쓰는 필사가 명상의 효과가 있다고 보도했습니다. 그리고 그 대표적인 책들 가운데, 《잠언 읽고 잠언 쓰자》를 언급해 주시기도 했습니다.

잠언을 읽고 쓰다 보니 여러 가지 좋은 점이 있었지만, 특히 기도가 저절로 아름답게 되더군요.

"주님, 지혜와 명철을 주세요. 하나님을 경외하는 것이 지식의 근본이라 하셨습니다. 저도 그런 삶을 살고 싶습니다. 아비의 명령을 지키고 어미의 법을 떠나지 않는 자녀들이 되게 해주시옵소서. 우리가 마음으로 우리의 길을 계획하여도 걸음을 인도하시는 이는 여호와이십니다. 우리의 인생을 빛으로 인도해 주시옵소서."

제가 이렇게 《잠언 읽고 잠언 쓰자》 책을 쓰고 많은 분이 은혜를 받으셨다고 말하자 어떤 분이 이렇게 말씀하셨어요.

"신 권사님, 지금 치유 사역하시는 거예요."

"아… 저는 치유의 은사는 없어요."

그런데 그분의 말씀은, 육체적으로 아픈 사람을 고쳐 주거나 상담을 해서 아픈 마음을 고치는 것만이 치유 사역이 아니라, 책을 통해서 은혜받으시고 독자의 삶에 치유가 일어난다면 그 또한 치유 사역이라는 뜻이었습니다. 생각해 보니 고개가 끄덕여졌습니다. 참 감사했습니다.

〈김지수의 인터스텔라〉 인터뷰에서 '사람 안의 아름다움과 눈물겨움을 꺼내주는' '마인드 커넥터', 김지수 작가는 말합니다. 자신에게 좋은 질문을 던져야 한다구요. 그 질문은 바로 '나는 무슨 일을 하는 사람인가?' 입니다.

저는 어떤 일을 하는 사람일까요? 김지수 작가는 '신은경은 하나님에게 상속받은 말의 정원을 가꾸고 돌보는 성실한 정원사' '하나님과 인간의 사이를 좋게 만드는 연결자'라는 아름다운 말로 질문의 답을 선물했습니다.

저도 곰곰 생각하다 제가 되고 싶은 모습의 한 문장을 만들었습니다. '향기로운 언어로 사람들의 눈물을 닦아주는 위로자.' 이 질문의 답은 앞으로 변화하고 진화할 것이니 기대가 됩니다.

이제 잠언과 마찬가지로 340만 조회수를 훌쩍 넘겨 많은 분에게 사랑 받은 시편 필사집을 냅니다. 여기 묵상글도 시편 본문과 특별한 연관은 없지만 독자들과 나누고 싶은 저의 낮은 목소리를 실었습니다. 특히 마음과 몸이 곤고하신 분들에게 위로가 되고 싶은 글을 썼습니다. 소곤소곤 이야기를 나누다가, '자, 이제 아름다운 시편 말씀을 필사해 보실까요?' 하고 필사의 세계로, '글멍'의 세계로 초대합니다. 여러분의 눈물을 닦아드리겠습니다.

시편은 모두 150편까지 있어 분량이 엄청납니다. 단행본 한 권에 다 담을 수 없어 일부만 선택할 수밖에 없었다는 말씀을 드립니다. 넓은 마음으로 이해해 주시리라 믿습니다. 이《시편 읽고 시편 쓰자》필사를 통해서도 폭포수 같은 하나님의 은혜가 독자 여러분께 넘쳐흐르기를 기도합니다.

차례

여호와는 긍휼이 많으시고 은혜로우시며

노하기를 더디 하시고 인자하심이 풍부하시도다

| 시편 103:8 |

1일

소중한 추억 남기기

작년 겨울 동해안 속초에 양미리 구이를 먹으러 간 적이 있습니다. 어렸을 때 연탄불에 구워 먹었던 양미리가 생각났기 때문입니다. 딱히 먹을거리가 없었던 그 시절엔 짚으로 엮은 새끼줄에 꿰어 꾸덕꾸덕 말라가고 있는 양미리가 애들에게 좋은 간식이었습니다.

하얀 고깔모자 같이 생긴 천막 2, 30채가 나란히 늘어선 동명항 양미리 축제에서, 한 접시 3만 원에 양미리와 도루묵, 가자미 말린 것 한 세트를 구워 먹었습니다. 우리가 찾아갔을 때가 11월이어서 양미리에 알이 차기 전이었습니다. 12월이 되면 알배기 양미리가 바닷물에 둥둥 떠다닌다는 주인아주머니의 말에 12월에 한 번 더 오자고 남편과 약속했지만, 어쩌다 보니 해를 넘기고 말았습니다. 그러나 비릿한 바다 내음과 철썩이는 파도 소리, 그리고 동그란 플라스틱 의자에 앉아 그물에 붙은 양미리를 끝도 없이 떼어내는 아주머니들의 부지런한 손길을 보며 삶의 존엄함을 느끼고 온 추억의 시간이었습니다.

한양대 교육공학과 유영만 교수의 책《2분의 1》을 보면, 후반전을 살아가는 사람들에게 나답게 의미 있게 살아가는 길을 구체적으로 안내하고 있습니다. 진정한 나를 만나기 위해 나이가 들수록 버려야 하는 습관과 채워야 하는 습관 50가지를 제안하는데, 그중 몇 가지는 제목만 봐도 고개가 끄덕여지는 것들입니다.

건강하고 행복하게 살아가기 위해 우리 삶에서 절반으로 줄여야 할 습관과 두 배로 늘려야 할 습관은 이를테면 이런 것입니다. 과식은 절반으로 음미는 두 배로, 걱정은 절반으로 긍정은 두 배로, 빠듯한 일은 절반으로 뿌듯한 일은 두 배로, 물건 구매는 절반으로 경험 구매는 두 배로, 질투는 절반으로 질문은 두 배로, 악연은 만들지 말고 인연은 두 배로, 경쟁 상태는 절반으로 경청 대상은 두 배로, 단점 지적은 절반으로 칭찬은 두 배로 등입니다. 하나하나 공감하며 잘 실천해 보리라 마음먹습니다.

2018년에 출간된 책《내 나이가 나를 안아주었습니다》에서 저도 같은 생각을 했습니다. 살면서 불편한 것은 버려야지, 억지로 끌고 가면 오히려 다른 걸 잃어버릴 수도 있습니다. 인간관계도, 나쁜 습관도, 오래된 앙금 같은 씻을 수 없는 감정도, 후회도, 미련도, 원망도 이젠 다 버려도 누가 탓하지 않을 만큼 충분히 나이 들었기 때문입니다.

그리고 그 비워낸 자리에 소중한 추억으로 남을 일을 채워가야 합니다. 소중한 사람의 얼굴을 좀 더 바라보고, 어깨를 쓰다듬어 주며 말입니다. 어차피 누구에게나 시간은 가는 것, 그러나 '늙는다, 병든다, 그리고 세상을 떠난다' 보다는 '성장한다, 발전한다, 익어간다. 그리고 아름다운 이별을 한다'를 선택하는 편이 낫지 않을까요.

지난해 했던 약속을 지키기 위해 우리는 올 겨울에 동명항 양미리 축제를 다시 찾았습니다. 하얀 고깔모자 같은 천막도 그대로였고, 바다 내음도 그대로였습니다. 건장한 젊은 청년이 손님을 부르고 있는 가게로 들어갔습니다. 어머니를 도와 부지런히 일하고 있는 미래의 사장님이 든든해 보였습니다. 모든 게 다 올랐는데 양미리 구이 가격은 작년과 똑같이 한 접시에 3만 원이었습니다. 작년에 한번 해 본 경험을 살려 이번엔 아주 능숙한 솜씨로 양미리와 도루묵을 태우지 않고 잘 구웠습니다.

올해도 뿌듯한 경험 구매 여행으로 또 하나의 아름다운 추억을 만들었네요. 이렇게 우리 인생은 향기롭게 익어갑니다.

1 복 있는 사람은 악인들의 꾀를 따르지 아니하며 죄인들의 길에 서지 아니하며 오만한 자들의 자리에 앉지 아니하고

2 오직 여호와의 율법을 즐거워하여 그의 율법을 주야로 묵상하는도다

3 그는 시냇가에 심은 나무가 철을 따라 열매를 맺으며 그 잎사귀가 마르지 아니함 같으니 그가 하는 모든 일이 다 형통하리로다

4 악인들은 그렇지 아니함이여 오직 바람에 나는 겨와 같도다

5 그러므로 악인들은 심판을 견디지 못하며 죄인들이 의인들의 모임에 들지 못하리로다

6 무릇 의인들의 길은 여호와께서 인정하시나 악인들의 길은 망하리로다

다윗의 시, 인도자를 따라 현악에 맞춘 노래

1 내 의의 하나님이여 내가 부를 때에 응답하소서 곤란 중에 나를 너그럽게 하셨사오니 내게 은혜를 베푸사 나의 기도를 들으소서

2 인생들아 어느 때까지 나의 영광을 바꾸어 욕되게 하며 헛된 일을 좋아하고 거짓을 구하려는가 (셀라)

3 여호와께서 자기를 위하여 경건한 자를 택하신 줄 너희가 알지어다 내가 그를 부를 때에 여호와께서 들으시리로다

4 너희는 떨며 범죄하지 말지어다 자리에 누워 심중에 말하고 잠잠할지어다 (셀라)

5 의의 제사를 드리고 여호와를 의지할지어다

6 여러 사람의 말이 우리에게 선을 보일 자 누구뇨 하오니 여호와여 주의 얼굴을 들어 우리에게 비추소서

7 주께서 내 마음에 두신 기쁨은 그들의 곡식과 새 포도주가 풍성할 때보다 더하니이다

8 내가 평안히 눕고 자기도 하리니 나를 안전히 살게 하시는 이는 오직 여호와이시니이다

제10편

1 여호와여 어찌하여 멀리 서시며 어찌하여 환난 때에 숨으시나이까

2 악한 자가 교만하여 가련한 자를 심히 압박하오니 그들이 자기가 베푼 꾀에 빠지게 하소서

3 악인은 그의 마음의 욕심을 자랑하며 탐욕을 부리는 자는 여호와를 배반하여 멸시하나이다

4 악인은 그의 교만한 얼굴로 말하기를 여호와께서 이를 감찰하지 아니하신다 하며 그의 모든 사상에 하나님이 없다 하나이다

5 그의 길은 언제든지 견고하고 주의 심판은 높아서 그에게 미치지 못하오니 그는 그의 모든 대적들을 멸시하며

6 그의 마음에 이르기를 나는 흔들리지 아니하며 대대로 환난을 당하지 아니하리라 하나이다

7 그의 입에는 저주와 거짓과 포악이 충만하며 그의 혀 밑에는 잔해와 죄악이 있나이다

8 그가 마을 구석진 곳에 앉으며 그 은밀한 곳에서 무죄한 자를 죽이며 그의 눈은 가련한 자를 엿보나이다

9 사자가 자기의 굴에 엎드림 같이 그가 은밀한 곳에 엎드려 가련한 자를 잡으려고 기다리며 자기 그물을 끌어당겨 가련한 자를 잡나이다

10 그가 구푸려 엎드리니 그의 포악으로 말미암아 가련한 자들이 넘어 지나이다

11 그가 그의 마음에 이르기를 하나님이 잊으셨고 그의 얼굴을 가리셨으니 영원히 보지 아니하시리라 하나이다

12 여호와여 일어나옵소서 하나님이여 손을 드옵소서 가난한 자들을 잊지 마옵소서

13 어찌하여 악인이 하나님을 멸시하여 그의 마음에 이르기를 주는 감찰하지 아니하리라 하나이까

14 주께서는 보셨나이다 주는 재앙과 원한을 감찰하시고 주의 손으로 갚으려 하시오니 외로운 자가 주를 의지하나이다 주는 벌써부터 고아를 도우시는 이시니이다

15 악인의 팔을 꺾으소서 악한 자의 악을 더 이상 찾아낼 수 없을 때까지 찾으소서

16 여호와께서는 영원무궁하도록 왕이시니 이방 나라들이 주의 땅에서 멸망하였나이다

17 여호와여 주는 겸손한 자의 소원을 들으셨사오니 그들의 마음을 준비하시며 귀를 기울여 들으시고

18 고아와 압제 당하는 자를 위하여 심판하사 세상에 속한 자가 다시는 위협하지 못하게 하시리이다

2일

빵 굽는 냄새 같은 그리스도의 향기

영국 유학 중 외로움과 삶의 고단함으로 우울할 때, 양어깨를 누르는 공부 부담으로 힘겨울 때, 오븐 그릴에 올려놓은 빵 냄새는 아침의 위로였습니다.

제가 묵었던 하숙집 주인 루이스 할머니는 매일 바나나 한 개를 꼭 먹어야 한다는 의사의 처방을 꼬박 지켜 아침 식사를 합니다. 그릴 밑에 빵을 올려 굽고 버터를 충분히 바른 후 바나나 한 개를 이겨 빵에 올립니다. 그리고 진하게 끓인 밀크티를 곁들여 저와 함께 아침 식사를 합니다. 그 맛이 생각나 저는 지금도 이 바나나 토스트를 잘 해먹습니다. 토스터에 빵을 구울 때면 그때 기억이 살아납니다. 위로, 안심, 다정함, 추억, 달콤함.

서양에서는 집을 팔려고 내놓을 때, 집 보러 오는 사람이 찾아온다 하면 커피를 끓이거나 오븐에 빵을 구워 놓기도 합니다. 집에 들어섰을 때 집안에 은은하게 풍기는 빵 냄새는 행복한 가정, 편안한 집을 생각하게 하거든요.

사람들이 우리를 만났을 때, 우리는 어떤 향기를 풍기며 살아야 할까요? 툭 치면 그리스도의 향기가 피어나는 사람이면 좋지 않을까요?

집안에 퍼지는 구수한 토스트 냄새를 맡으며 번아웃한 선지자 엘리야가 생각이 났습니다

엘리야 선지자는 자신의 사역에 몰두하다가 번아웃 되어 로뎀 나무 아래 지쳐 누워 있었습니다.

"하나님, 저는 하나님을 위해 이렇게 죽도록 고생하고 애썼어요. 바알과 아세라 제사장 850명을 다 무찔렀는데도 어찌 아무 일도 일어나지 않나요? 아합 가문은 왜 망하지 않나요? 게다가 이세벨 왕비는 저를 죽이겠다고 이렇게 쫓아오고 있습니다. 차라리 제 생명을 당신 손으로 거두어 주세요."

그때 하나님께서 너무 잘하려고 애쓰다 지쳐 누워있는 엘리야에게 천사를 보내셔서 어루만지도록 하십니다. 그리고 빵과 물을 주시고, '우선 좀 먹어라, 그리고 잠을 좀 자라'라고 위로하십니다.

천사의 어루만짐으로 살아나는 엘리야를 생각했습니다. 아, 우리도 그렇게 살아야겠다. 언제나 그리스도의 향기가 나는 사람, 그리고 지쳐 있는 사람을 어루만지고 빵과 물을 먹이는 사람, 그런 역할을 하는 사람이었으면 좋겠습니다.

여호와의 종 다윗의 시, 인도자를 따라 부르는 노래, 여호와께서 다윗을 그 모든 원수들의 손에서와 사울의 손에서 건져 주신 날에 다윗이 이 노래의 말로 여호와께 아뢰어 이르되

1 나의 힘이신 여호와여 내가 주를 사랑하나이다

2 여호와는 나의 반석이시요 나의 요새시요 나를 건지시는 이시요 나의 하나님이시요 내가 그 안에 피할 나의 바위시요 나의 방패시요 나의 구원의 뿔이시요 나의 산성이시로다

3 내가 찬송 받으실 여호와께 아뢰리니 내 원수들에게서 구원을 얻으리로다

4 사망의 줄이 나를 얽고 불의의 창수가 나를 두렵게 하였으며

5 스올의 줄이 나를 두르고 사망의 올무가 내게 이르렀도다

6 내가 환난 중에서 여호와께 아뢰며 나의 하나님께 부르짖었더니 그가 그의 성전에서 내 소리를 들으심이여 그의 앞에서 나의 부르짖음이 그의 귀에 들렸도다

7 이에 땅이 진동하고 산들의 터도 요동하였으니 그의 진노로 말미암음이로다

8 그의 코에서 연기가 오르고 입에서 불이 나와 사름이여 그 불에 숯이 피었도다

9 그가 또 하늘을 드리우시고 강림하시니 그의 발 아래는 어두캄캄하도다

10 그룹을 타고 다니심이여 바람 날개를 타고 높이 솟아오르셨도다

11 그가 흑암을 그의 숨는 곳으로 삼으사 장막 같이 자기를 두르게 하심이여 곧 물의 흑암과 공중의 빽빽한 구름으로 그리하시도다

12 그 앞에 광채로 말미암아 빽빽한 구름이 지나며 우박과 숯불이 내리도다

13 여호와께서 하늘에서 우렛소리를 내시고 지존하신 이가 음성을 내시며 우박과 숯불을 내리시도다

14 그의 화살을 날려 그들을 흩으심이여 많은 번개로 그들을 깨뜨리셨도다

15 이럴 때에 여호와의 꾸지람과 콧김으로 말미암아 물 밑이 드러나고 세상의 터가 나타났도다

16 그가 높은 곳에서 손을 펴사 나를 붙잡아 주심이여 많은 물에서 나를 건져내셨도다

17 나를 강한 원수와 미워하는 자에게서 건지셨음이여 그들은 나보다 힘이 세기 때문이로다

18 그들이 나의 재앙의 날에 내게 이르렀으나 여호와께서 나의 의지가 되셨도다

19 나를 넓은 곳으로 인도하시고 나를 기뻐하시므로 나를 구원하셨도다

시편 읽고
시편 쓰자

20 여호와께서 내 의를 따라 상 주시며 내 손의 깨끗함을 따라 내게 갚으셨으니

21 이는 내가 여호와의 도를 지키고 악하게 내 하나님을 떠나지 아니하였으며

22 그의 모든 규례가 내 앞에 있고 내게서 그의 율례를 버리지 아니하였음이로다

23 또한 나는 그의 앞에 완전하여 나의 죄악에서 스스로 자신을 지켰나니

24 그러므로 여호와께서 내 의를 따라 갚으시되 그의 목전에서 내 손이 깨끗한 만큼 내게 갚으셨도다

25 자비로운 자에게는 주의 자비로우심을 나타내시며 완전한 자에게는 주의 완전하심을 보이시며

26 깨끗한 자에게는 주의 깨끗하심을 보이시며 사악한 자에게는 주의 거스르심을 보이시리니

27 주께서 곤고한 백성은 구원하시고 교만한 눈은 낮추시리이다

28 주께서 나의 등불을 켜심이여 여호와 내 하나님이 내 흑암을 밝히시리이다

29 내가 주를 의뢰하고 적군을 향해 달리며 내 하나님을 의지하고 담을 뛰어넘나이다

30 하나님의 도는 완전하고 여호와의 말씀은 순수하니 그는 자기에게 피하는 모든 자의 방패시로다

31 여호와 외에 누가 하나님이며 우리 하나님 외에 누가 반석이냐

32 이 하나님이 힘으로 내게 띠 띠우시며 내 길을 완전하게 하시며

33 나의 발을 암사슴 발 같게 하시며 나를 나의 높은 곳에 세우시며

34 내 손을 가르쳐 싸우게 하시니 내 팔이 놋 활을 당기도다

35 또 주께서 주의 구원하는 방패를 내게 주시며 주의 오른손이 나를 붙들고 주의 온유함이 나를 크게 하셨나이다

3일

생각 바꿔 먹기

지난여름은 정말 너무 더웠습니다. 열대야가 계속되어 밤에도 에어컨을 켜놓고 자야 하는 날이 한 달 이상 계속되었고, 자꾸 켰다 껐다를 반복하는 것보다는 일정 온도에 계속 맞춰 놓는 것이 전기료를 절약할 수 있다는 뉴스가 에어컨을 종일 켜놓는 나의 죄책감을 없애주었습니다.

어렸을 적 에어컨이 없었을 땐 어떻게 살았을까 싶었습니다. 한여름에 피아노 연습을 마치고 일어서면 검정 피아노 의자에 넓적다리 땀자국 두 줄이 크게 나 있는 것을 보았지요. 선풍기 바람도 힘을 잃고, 찬물 등목도 소용이 없어질 때면 작은 수건 몇 개를 물에 적셔 냉동고에 넣어 둡니다. 더워서 맥을 못 추는 식구들에게 교대로 나누어 주고 또 물에 적셔 넣어두어 얼리곤 했습니다.

어려운 일이 닥쳐올 때마다 제가 잘하는 일이 하나 있습니다. 바로 '생각 바꿔 먹기', 어렵게 말하면 '패러다임 시프트(paradigm shift)'입니다. 지금 처한 고단한 상황을 슬쩍 마음 바꾸어 먹으면 괴로운 상황이 달리 보이고 견딜만 해지는 것입니다. 스스로 위로하고 힘을 낼 수 있습니다. 지난여름의 끝에도 그 '생각 바꿔 먹기'가 아주 유용했습니다.

몸이 아파 며칠 동안 자리에 누워 있었을 때였습니다. 더위를 먹었는지, 지방에 강연을 다녀오고 서울 나들이가 며칠 겹치고 나니 어김없이 사나흘 축 늘어져 있게 되었습니다. 거기에다 먹은 게 탈이나 온몸에 기운이 빠져 손 하나 까딱할 수 없었습니다. 방송에서는 날마다 8월 무더위 보도를 하며 열대야 ○○일째라고 카운트하고 있으니 언제 끝날지 모르는 폭염에 몸과 마음이 지쳐만 갔습니다.

어느 순간 이러고 살아서는 안 되겠다는 생각이 들어 벌떡 일어났습니다. 아파트 단지 안에 있는 황톳길로 나섰습니다. 8시쯤이라 이미 아침 해가 중천이긴 하나 산에서 내려오는 바람이 있으니 나가 보기로 했습니다.

신발을 벗고 맨발로 황토를 밟아보았습니다. 흙바닥에서 서늘한 기운이 올라왔습니다. 이곳은 한쪽 변이 약 스무 걸음가량 되는 삼각형 모양의 맨발 걷기용 황톳길입니다. 몇달 전 아파트 시공사가 주민을 위해 만들어 주었습니다. 원래 토끼풀이 무성하게 자랐던 곳인데, 풀을 다 걷어 내고 거기에 자리를 잡았습니다. 작긴 해도 작업할 때 보니 커다란 자루에 든 황토를 스무 자루쯤 쏟아부은 것 같았습니다.

여름내 해를 만나지 못한 하얀 맨발로 황토를 밟습니다. 이른 아침부터 부지런히 걷던 어르신들은 다 집으로 들어가서 나 혼자 걸었습니다. 혼자 걷지만 혼자가 아니네요. 친구가 있습니다. 나비가 날고 어제 내린 비로 기어 나온 지렁이가 바닥 여기저기 눈에 띕니다. 황톳길 옆으로 주민들이 심어놓은 봉숭아가 보입니다. 타는 듯한 햇볕에 흰색, 분홍, 주황, 진빨강 꽃잎 끝이 다 말랐네요. 두 손을 높이 펴서 하늘에 승리의 V자를 만들어 보았습니다. 심호흡을 했습니다.

생각을 바꿔 먹어 보기로 했습니다. 이 끔찍한 폭염의 연속도 이제 얼마 안 남았습니다. '그래, 가는 여름을 아쉬워하자!' 하며 이달 말까지 열흘 동안을 '나만의 특별한 휴가'라고 생각하기로 합니다. 공기가 달고 시원하니 여기가 용평 어디쯤의 고급 리조트라고 해도 좋겠지.

여기가 하와이라 한들 부족할 게 없습니다. 바닷가는 저쪽에 있을 테고 산길을 따라 걸으면 아침 햇살은 따가워도 휴양지의 여유가 있습니다. 그리고 내가 사는 집은 나의 세컨드 하우스라 생각해 봅니다. 나의 본향은 어차피 저 하늘 어디쯤에 있으니, 지금 몸 실은 이곳은 잠시 온 별장이라고 가벼이 생각하는 겁니다.

휴가지에서는 집에서 밥을 만들어 먹거나 청소하거나 살림을 하지 않습니다. 나가서 사 먹고 배달을 시켜 먹어도 미안해 하거나 죄책감을 가질 필요가 하나도 없습니다.

20분쯤 걸으니 땀이 살짝 났습니다. 길옆 벤치에 앉아 사방을 둘러봅니다. 고개를 들어 하늘도 봅니다. 나뭇잎 사이로 비치는 뜨거운 아침 햇살에 눈이 부십니다. 다시 살아나는 기분이 들었습니다. 생각을 조금 바꾸었을 뿐인데, 뜨거운 여름도 구박하지 않고 아쉬워하며 아껴가며 즐기게 되었고, 나의 게으름에도 너그러워졌습니다. 목 놓아 우는 매미 소리도 곧 귀뚜라미 소리로 바뀔 테니 아깝고 귀하기만 합니다. 휴가지에서처럼 여유롭게, 하루를 시작할 힘을 가득 채워 집으로 들어가며 외칩니다.

아, 나는 자유다!

36 내 걸음을 넓게 하셨고 나를 실족하지 않게 하셨나이다

37 내가 내 원수를 뒤쫓아가리니 그들이 망하기 전에는 돌아서지 아니하리이다

38 내가 그들을 쳐서 능히 일어나지 못하게 하리니 그들이 내 발 아래에 엎드러지리이다

39 주께서 나를 전쟁하게 하려고 능력으로 내게 띠 띠우사 일어나 나를 치는 자들이 내게 굴복하게 하셨나이다

40 또 주께서 내 원수들에게 등을 내게로 향하게 하시고 나를 미워하는 자들을 내가 끊어 버리게 하셨나이다

41 그들이 부르짖으나 구원할 자가 없었고 여호와께 부르짖어도 그들에게 대답하지 아니하셨나이다

42 내가 그들을 바람 앞에 티끌 같이 부서뜨리고 거리의 진흙 같이 쏟아 버렸나이다

43 주께서 나를 백성의 다툼에서 건지시고 여러 민족의 으뜸으로 삼으셨으니 내가 알지 못하는 백성이 나를 섬기리이다

44 그들이 내 소문을 들은 즉시로 내게 청종함이여 이방인들이 내게 복종하리로다

45 이방 자손들이 쇠잔하여 그 견고한 곳에서 떨며 나오리로다

46 여호와는 살아 계시니 나의 반석을 찬송하며 내 구원의 하나님을 높일지로다

47 이 하나님이 나를 위하여 보복해 주시고 민족들이 내게 복종하게 해 주시도다

48 주께서 나를 내 원수들에게서 구조하시니 주께서 나를 대적하는 자들의 위에 나를 높이 드시고 나를 포악한 자에게서 건지시나이다

49 여호와여 이러므로 내가 이방 나라들 중에서 주께 감사하며 주의 이름을 찬송하리이다

50 여호와께서 그 왕에게 큰 구원을 주시며 기름 부음 받은 자에게 인자를 베푸심이여 영원토록 다윗과 그 후손에게로다

시편 읽고
시편 쓰자

다윗의 시, 인도자를 따라 부르는 노래

1 하늘이 하나님의 영광을 선포하고 궁창이 그의 손으로 하신 일을 나타내는도다

2 날은 날에게 말하고 밤은 밤에게 지식을 전하니

3 언어도 없고 말씀도 없으며 들리는 소리도 없으나

4 그의 소리가 온 땅에 통하고 그의 말씀이 세상 끝까지 이르도다 하나님이 해를 위하여 하늘에 장막을 베푸셨도다

5 해는 그의 신방에서 나오는 신랑과 같고 그의 길을 달리기 기뻐하는 장사 같아서

6 하늘 이 끝에서 나와서 하늘 저 끝까지 운행함이여 그의 열기에서 피할 자가 없도다

7 여호와의 율법은 완전하여 영혼을 소성시키며 여호와의 증거는 확실하여 우둔한 자를 지혜롭게 하며

8 여호와의 교훈은 정직하여 마음을 기쁘게 하고 여호와의 계명은 순결하여 눈을 밝게 하시도다

9 여호와를 경외하는 도는 정결하여 영원까지 이르고 여호와의 법도 진실하여 다 의로우니

10 금 곧 많은 순금보다 더 사모할 것이며 꿀과 송이꿀보다 더 달도다

11 또 주의 종이 이것으로 경고를 받고 이것을 지킴으로 상이 크니이다

12 자기 허물을 능히 깨달을 자 누구리요 나를 숨은 허물에서 벗어나게 하소서

13 또 주의 종에게 고의로 죄를 짓지 말게 하사 그 죄가 나를 주장하지 못하게 하소서 그리하면 내가 정직하여 큰 죄과에서 벗어나겠나이다

14 나의 반석이시요 나의 구속자이신 여호와여 내 입의 말과 마음의 묵상이 주님 앞에 열납되기를 원하나이다

4일 주님께 무거운 짐 맡기리

맥스 루케이도는《짐은 가볍게(Treveling light)》라는 책에서 시편 23편으로 인생 홀가분하게 여행하는 요령을 알려줍니다. 그는 시편 23편처럼 많은 사람에게 사랑받는 말씀이 또 있을까? 하며 이렇게 말합니다.

> 액자에 고이 넣어 병실 한구석에 걸어 놓는 말씀이기도 하고, 죄수들이 감방 벽을 후벼 파서 새겨 놓는 구절이기도 합니다. 젊은이들이 연애편지에 쉽게 이용하는 말씀인 동시에 죽음을 앞두고 신음처럼 읊조리는 고백일 수도 있습니다. 이 몇 줄의 글에서 뱃사람들은 쉴 만한 포구를 찾고, 겁에 질린 아이는 아버지를 만나고, 의로운 싸움을 벌이던 이는 친구를 얻습니다.(15쪽)

저자는 6개의 절로 이루어진 이 짧은 장의 말씀을 구절구절 묵상하며 우리가 내려놓아야 할 인생의 무거운 짐을 내려놓으라고 인도합니다. 우리 삶의 여행을 무겁게 하는 것들은 바로 자기 신뢰, 욕구불만, 피로, 걱정 근심, 절망, 죄의식, 교만, 죽음, 깊은 슬픔, 두려움, 외로움, 부끄러움, 낙심, 질투, 의심의 짐들입니다. 주님은 "수고하고 무거운 짐 진 자들아 다 내게로 오라 내가 너희를 쉬게 하리라(마 11:28)" 하시며 우리의 손과 어깨에서 무거운 짐을 다 받아주신다고 하셨습니다.

우리는 여호와 하나님을 쉽사리 오해합니다. 맥스 루케이도의 표현에 따르면, 하나님을 요술램프 속의 요정처럼 내가 원할 때마다 척척 나타나 필요를 채워주고 말없이 사라지는 존재거나, 인자한 할아버지처럼 자애롭기만 하거나, 혹은 너무나 바쁜 능력자 아버지처럼 생각한다는 것이지요. 하지만 요술램프의 요정 '지니'라면 하나님보다 나를 더 우위로 여길 존재일 터이고, 인자한 할아버지라면 이제 너무 늙고 기운 없는 존재이며, 바쁜 아버지는 정작 내가 필요할 때 저 멀리 출장을 가고 없는 존재일 수도 있지 않겠습니까. 여호와 하나님은 그런 분이 아니시라는 걸 시편 23편은 말해주고 있습니다. 하나님은 스스로 존재하시는, 과거로부터 현재까지 항상 계시고 변하지 않으신, 자존하시는, 제한받지 않으시는, 우리의 목자 되시는 분이십니다.

우리는 교회에 가서 두 손 들고 찬양하며 '내 모든 것 주님께 맡깁니다' 하며 기도하고 예배하다가 집에 올 때는 또다시 그 짐을 두 어깨에 잔뜩 지고 돌아옵니다. 한 번 내려놓은 짐은 이미 주님의 손에 들려 있습니다. 다시 짊어질 필요가 없는 것이지요. 가볍게 여행합시다. 현재 우리가 머물고 있는 세상의 집은 잠시 머물다 갈 임시거처일 뿐입니다. 우리의 시민권은 하늘에 있으니 그 영원한 고향으로 돌아가려는 소망으로 이 땅에서의 소풍은 가벼운 차림으로 짐은 가볍게 여행합시다.

오늘은 그 시편 23편을 천천히 소리내어 읽어보며 필사해 보실까요?

다윗의 시, 인도자를 따라 부르는 노래

1 환난 날에 여호와께서 네게 응답하시고 야곱의 하나님의 이름이 너를 높이 드시며

2 성소에서 너를 도와 주시고 시온에서 너를 붙드시며

3 네 모든 소제를 기억하시며 네 번제를 받아 주시기를 원하노라 (셀라)

4 네 마음의 소원대로 허락하시고 네 모든 계획을 이루어 주시기를 원하노라

5 우리가 너의 승리로 말미암아 개가를 부르며 우리 하나님의 이름으로 우리의 깃발을 세우리니 여호와께서 네 모든 기도를 이루어 주시기를 원하노라

6 여호와께서 자기에게 기름 부음 받은 자를 구원하시는 줄 이제 내가 아노니 그의 오른손의 구원하는 힘으로 그의 거룩한 하늘에서 그에게 응답하시리로다

7 어떤 사람은 병거, 어떤 사람은 말을 의지하나 우리는 여호와 우리 하나님의 이름을 자랑하리로다

8 그들은 비틀거리며 엎드러지고 우리는 일어나 바로 서도다

9 여호와여 왕을 구원하소서 우리가 부를 때에 우리에게 응답하소서

다윗의 시

1 여호와는 나의 목자시니 내게 부족함이 없으리로다

2 그가 나를 푸른 풀밭에 누이시며 쉴 만한 물 가로 인도하시는도다

3 내 영혼을 소생시키시고 자기 이름을 위하여 의의 길로 인도하시는도다

4 내가 사망의 음침한 골짜기로 다닐지라도 해를 두려워하지 않을 것은 주께서 나와 함께 하심이라 주의 지팡이와 막대기가 나를 안위하시나이다

5 주께서 내 원수의 목전에서 내게 상을 차려 주시고 기름을 내 머리에 부으셨으니 내 잔이 넘치나이다

6 내 평생에 선하심과 인자하심이 반드시 나를 따르리니 내가 여호와의 집에 영원히 살리로다

다윗의 시

1 땅과 거기에 충만한 것과 세계와 그 가운데에 사는 자들은 다 여호와의 것이로다

2 여호와께서 그 터를 바다 위에 세우심이여 강들 위에 건설하셨도다

3 여호와의 산에 오를 자가 누구며 그의 거룩한 곳에 설 자가 누구인가

4 곧 손이 깨끗하며 마음이 청결하며 뜻을 허탄한 데에 두지 아니하며 거짓 맹세하지 아니하는 자로다

5 그는 여호와께 복을 받고 구원의 하나님께 의를 얻으리니

6 이는 여호와를 찾는 족속이요 야곱의 하나님의 얼굴을 구하는 자로다 (셀라)

7 문들아 너희 머리를 들지어다 영원한 문들아 들릴지어다 영광의 왕이 들어가시리로다

8 영광의 왕이 누구시냐 강하고 능한 여호와시요 전쟁에 능한 여호와시로다

9 문들아 너희 머리를 들지어다 영원한 문들아 들릴지어다 영광의 왕이 들어가시리로다

10 영광의 왕이 누구시냐 만군의 여호와께서 곧 영광의 왕이시로다 (셀라)

5일 듣기 좋은 말

《어? 성경이 읽어지네!》의 저자 이애실 사모님을 만났습니다. 이애실 사모님은 요즘 다음 세대를 위한 성경 연구로 밤에 잠이 안 올 정도라고 하십니다. 저는 요즘 남편과 함께 시 외곽으로 이사와서 지내고 있다는 소식을 전했습니다. 가능하면 남편과 함께 지내는 시간을 많이 내고 무슨 활동이든 함께 하려 한다, 그래서 바깥일을 줄이고 대학 교수직도 은퇴했다고 말씀드렸습니다. 그 말씀을 들으신 사모님이 이렇게 말하셨습니다.

"참 아름답게 산다."

저는 제 귀를 의심했습니다. 뭔가 가르쳐주시고 조언해 주실 줄 알았거든요. 제가 잘못 들었나 해서 재차 여쭈었습니다. 사실 서울 시내로부터 멀리 이사 갔다고 말하면, 사람들은 대부분 '활동을 안 하고 있으면 어떡하냐, 재능이 아깝지 않냐, 더 많이 일해야 할 때가 아니냐' 그런 말씀을 하시거든요. 그런데 사모님은 아무 말씀도 안 하시고 '참 아름답게 산다' 이 말만 하셨어요.

집에 돌아와서도 사모님의 그 말씀이 계속 생각났습니다. 혀끝의 단맛처럼 코끝의 꽃향기처럼 그 말씀이 맴돌았습니다. 어머나, 내가 지금 아름답게 살고 있는 거래. 잘못 살고 있는 게 아니라네. 아까운 시간이 아니라네.

저도 결심했습니다. 나도 다른 사람에게 향기로운 말을 하고 살아야지. 나를 만나고 내게 들은 그 말이 그 사람이 집에 돌아가서도 내내 머릿속을 맴돌고 귓가를 감돌고 향긋한 꽃향기처럼 혀끝에 단맛처럼 계속 기억되는 그런 말을 하고 살아야지 하고 다짐했습니다.

오늘 아침 안희경 작가로부터 온 메시지도 그런 것이었습니다. 저와 대학 동문인 안희경 작가는 세계 석학들, 이해인 수녀님, 최재천 교수님을 만나 인터뷰한 책, 《오늘부터의 세계》《이해인의 말》《최재천의 공부》 등 대담집으로 이름이 알려진 저널리스트이자 작가입니다. 지금은 미국 캘리포니아에서 살고 있는데 오랜만에 메시지가 왔습니다.

"선배님, 안녕하세요. 제가 참여하는 한 모임에서 마가복음을 읽으라 하여 선배님의 성경 낭송을 유튜브로 들으며 보았습니다. 무지무지 좋습니다. 음성에 정성과 힘이 들어가고 정확한 한국어의 묘까지 어우러져 신자가 아닌 저에게도 숨이 편안히 내려앉고 말씀에 조복하게 하는 현상을 일으켜 주셨어요. 그 감흥 안고 인사드렸습니다."

언어를 다루는 작가여서 그런지 그 표현이 제 마음 깊은 곳을 출렁이게 했습니다. 너무나 기쁘고 반가운 마음으로 답을 했습니다.

"안희경 작가님, 우리 희경 후배님의 메시지가 이 한 해를 보내는 길목에 서 있는 저에게 커다란 기쁨을 안겨 주네요. '음성에 정성과 힘이 들어가고 정확한 한국어의 묘까지…' '숨이 편안히 내려앉고 말씀에 조복하게 하는 현상을 일으켜…' 세상에, 이런 표현을 해 주시다니! 오늘 희경 씨를 통해 하나님으로부터 칭찬받은 느낌입니다. 정말 감사해요."

희경 후배도 '그런 큰 뜻이라는 것을 알게 되어 더 기쁘다'라고 답했습니다.

말하기 기술 중에 듣는 사람이 무엇을 바라고 있는가를 먼저 생각하고 말하라는 지침이 생각났습니다. 솜씨 좋은 제화공처럼 고객의 발에 꼭 맞는 신발을 만드는 기술을 터득하고 나면 그다음부터는 쉽지요. 말하기도 마찬가집니다.

어느 수필가가 자신의 '철없는 말 한마디가 죽어가는 친구에게 비수가 된' 이야기를 쓴 것을 읽었습니다. 말기 암으로 여명이 얼마 안 된다는 소식을 듣고 정성껏 위로의 카드를 보냈는데, 그 카드를 받은 친구가 분노로 치를 떨었다고 합니다. 카드의 끝머리에 '평안히 잘 가'라고 써 보낸 것이 화근이 되었다는군요. 마지막 순간까지 소생의 희망을 말했어야 했는데 하며 작가는 그 때를 후회했습니다.

좋은 말은 경우에 합당한 말입니다.

경우에 합당한 말은 아로새긴 은쟁반에 금 사과니라
(잠언 25:11)

다윗의 시

1 여호와는 나의 빛이요 나의 구원이시니 내가 누구를 두려워하리요 여호와는 내 생명의 능력이시니 내가 누구를 무서워하리요

2 악인들이 내 살을 먹으려고 내게로 왔으나 나의 대적들, 나의 원수들인 그들은 실족하여 넘어졌도다

3 군대가 나를 대적하여 진 칠지라도 내 마음이 두렵지 아니하며 전쟁이 일어나 나를 치려 할지라도 나는 여전히 태연하리로다

4 내가 여호와께 바라는 한 가지 일 그것을 구하리니 곧 내가 내 평생에 여호와의 집에 살면서 여호와의 아름다움을 바라보며 그의 성전에서 사모하는 그것이라

5 여호와께서 환난 날에 나를 그의 초막 속에 비밀히 지키시고 그의 장막 은밀한 곳에 나를 숨기시며 높은 바위 위에 두시리로다

6 이제 내 머리가 나를 둘러싼 내 원수 위에 들리리니 내가 그의 장막에서 즐거운 제사를 드리겠고 노래하며 여호와를 찬송하리로다

7 여호와여 내가 소리 내어 부르짖을 때에 들으시고 또한 나를 긍휼히 여기사 응답하소서

8 너희는 내 얼굴을 찾으라 하실 때에 내가 마음으로 주께 말하되 여호와여 내가 주의 얼굴을 찾으리이다 하였나이다

9 주의 얼굴을 내게서 숨기지 마시고 주의 종을 노하여 버리지 마소서 주는 나의 도움이 되셨나이다 나의 구원의 하나님이시여 나를 버리지 마시고 떠나지 마소서

10 내 부모는 나를 버렸으나 여호와는 나를 영접하시리이다

11 여호와여 주의 도를 내게 가르치시고 내 원수를 생각하셔서 평탄한 길로 나를 인도하소서

12 내 생명을 내 대적에게 맡기지 마소서 위증자와 악을 토하는 자가 일어나 나를 치려 함이니이다

13 내가 산 자들의 땅에서 여호와의 선하심을 보게 될 줄 확실히 믿었도다

14 너는 여호와를 기다릴지어다 강하고 담대하며 여호와를 기다릴지어다

시편 읽고
시편 쓰자

다윗의 시, 곧 성전 낙성가

1 여호와여 내가 주를 높일 것은 주께서 나를 끌어내사 내 원수로 하여금 나로 말미암아 기뻐하지 못하게 하심이니이다

2 여호와 내 하나님이여 내가 주께 부르짖으매 나를 고치셨나이다

3 여호와여 주께서 내 영혼을 스올에서 끌어내어 나를 살리사 무덤으로 내려가지 아니하게 하셨나이다

4 주의 성도들아 여호와를 찬송하며 그의 거룩함을 기억하며 감사하라

5 그의 노염은 잠깐이요 그의 은총은 평생이로다 저녁에는 울음이 깃들일지라도 아침에는 기쁨이 오리로다

6 내가 형통할 때에 말하기를 영원히 흔들리지 아니하리라 하였도다

7 여호와여 주의 은혜로 나를 산 같이 굳게 세우셨더니 주의 얼굴을 가리시매 내가 근심하였나이다

8 여호와여 내가 주께 부르짖고 여호와께 간구하기를

9 내가 무덤에 내려갈 때에 나의 피가 무슨 유익이 있으리요 진토가 어떻게 주를 찬송하며 주의 진리를 선포하리이까

10 여호와여 들으시고 내게 은혜를 베푸소서 여호와여 나를 돕는 자가 되소서 하였나이다

11 주께서 나의 슬픔이 변하여 내게 춤이 되게 하시며 나의 베옷을 벗기고 기쁨으로 띠 띠우셨나이다

12 이는 잠잠하지 아니하고 내 영광으로 주를 찬송하게 하심이니 여호와 나의 하나님이여 내가 주께 영원히 감사하리이다

6일

나의 원더풀 라이프

일본 영화 〈원더풀 라이프〉를 보았습니다. 작품에 대한 사전 정보 없이 제목만 보고 희망적이고 즐거운 영화이겠거니 했는데 첫 장면부터 생을 막 마감한 사람들이 등장합니다. 마음이 무거워졌습니다.

세상을 떠난 사람들은 천국으로 가기 직전, 중간역 '림보'라는 곳에 일주일 동안 머물게 됩니다. 그곳에서 자신의 인생에서 가장 소중했던 기억 하나를 고릅니다. 그들의 추억은 짧은 영화로 만들어지고 망자는 이 순간을 간직한 채 영원으로 떠납니다.

림보역에는 그곳에서 일하는 직원들이 있어 새로 들어온 손님들을 인터뷰하고 보고서를 작성합니다. 인터뷰 하는 사이 손님들은 자신의 삶을 회상하며 가장 기억에 남는 장면 하나를 고르도록 요청을 받습니다. 자신에게 가장 소중했던 추억 하나만을 남기고 나머지 모든 기억을 삭제시켜야 영원으로 떠날 수 있다는군요.

너무나 단조롭고 평범한 삶을 살았다고 생각되어 한 장면도 선택하지 못하는 사람에겐 지나간 70여 년 동안의 삶을 회고해 볼 수 있는 비디오테이프가 제공됩니다. 해마다 하나씩 기록되었던 영상을 돌려보며 한심한 자신에게 수없이 바보, 멍청이를 내뱉다가도 결국은 행복한 한 장면을 고르게 됩니다.

놀라운 것은 사람들의 추억이 의외로 사소하고 평범하다는 것입니다. 그것도 아주 디테일하게 그 순간과 장면을 기억하고 있었어요. 그날 입었던 옷, 색깔, 그때 먹었던 음식과 그 맛을 길게, 아주 길게 설명합니다.

영화를 보는 내내, 영화의 스토리텔링 흐름과 병렬로, 나의 머릿속에도 나의 스토리가 흘렀습니다. 나는 내 인생의 어떤 장면을 선택하고 영원으로 갈 것인가? 고를 수 있는 장면이 있는가? 정말 엄마의 배 속에 있었던 순간처럼, 완벽한 평화와 행복의 순간이 내 삶에도 있었던 것인가? 한 장면도 고를 수 없을 것 같으면 어쩌지? 혹시 너무 여러 장면 간직하고 싶은데, 하나만 골라야 한다면 어떻게 해야 하지?

영화가 끝나고도 생각은 이어졌습니다. 과연 나에겐 남기고 싶은 단 하나의 순간이 있을까? 처음엔 좀 슬프고 당혹스러웠습니다. 왜나하면 회상 속의 나는 늘 '무엇이든 잘 해내야 한다'라는 강박에 쫓겨 달리고 긴장한 모습이었기 때문이었지요.

그러다가 전등의 스위치가 켜지듯 반짝 밝은 빛이 들어왔습니다. 그렇지, 영화는 고레에다 히로카즈 감독의 판타지일 뿐. 나는

'림보'를 믿는 사람이 아니고 '영원한 생명책'을 믿는 사람이며, 나를 인터뷰할 사람은 림보의 직원들이 아니라 나보다 더 나를 잘 아는 전능자일 것이다, 그리고 기억되고 기록되는 순간은 단 하나가 아니고, 내 생애 전부라는 걸 깨달았습니다.

차근차근 되짚어 보니, 내게도 기쁘고 즐겁고 행복한 순간이 참 많았습니다. 어느 눈 오는 날, 피아노 연습을 하는 초등학생 나, 눈 내리는 정원을 가로질러 현관으로 퇴근해 들어오시는 아버지를 거실 큰 통창으로 바라보던 순간. 엄마가 키우시는 잉꼬들의 부지런한 움직임을 관찰하던 기억. 부엌일을 하는 엄마를 졸졸 따르며 하루에 있었던 일을 종알대던 그날. 엄마의 도넛 반죽. 튀김 기름 냄새. 손뜨개로 만든 노란색 긴 털목도리를 칭칭 늘이고 얼음판 위를 바라보던 그 겨울의 햇살.

전 국민에게 날마다 새 소식을 전하는 프라임타임 뉴스 앵커. 아름다운 음악과 공감의 목소리를 실어 나르는 클래식 음악 진행자. 바다 건너 공부하러 갔던 나라 영국. 그 도시 카디프.

아빠를 꼭 닮은 딸, 꽃봉오리처럼 입술을 모으고 엄마 젖을 먹던 내 아기. 지금은 엄마보다 머리 하나는 더 크게 무럭무럭 자란 아름다운 숙녀, 내 아기.

복도식 대단지 아파트 주차장에 유세차를 세우고 마이크를 열면 깃발처럼 손을 흔들어 주시던 지역 주민들. 그분들을 올려다보며 지역대표로 제대로 일하겠다고 다짐하던 자랑스러운 내 남편.

그래, 지금부터 살아가는 모든 순간도 영화 찍듯 만들어 기록해 나가야겠어. 네가 감독이고 네가 배우야. 벤치에 앉아 만개한 봄꽃을 바라보며 꽃멍하는 순간도, 따뜻한 밥 한 그릇을 놓고 마주 앉아 먹는 순간도, 막히는 도로를 운전하며 가는 시간도, 우리에게는 모두 영화 같은 한 장면이 되는 거야. 풍광 좋은 음식점에서 팥죽을 먹은 초여름날도, 길가 찻집에서의 저녁 시간도, 육각형 접시도, 밤을 밝히는 조명도 다 아름다운 인생 컷들이라는 거지.

대신, 감독의 입장으로 배우에게 몇 가지 지시 사항을 더해야겠어.

'너무 힘이 들어갔어. 힘 빼고, 긴장하지 말고.'

'너무 애쓰지 마. 지금 그대로도 충분하니까.'

다윗의 시, 인도자를 따라 부르는 노래

1 여호와여 내가 주께 피하오니 나를 영원히 부끄럽게 하지 마시고 주의 공의로 나를 건지소서

2 내게 귀를 기울여 속히 건지시고 내게 견고한 바위와 구원하는 산성이 되소서

3 주는 나의 반석과 산성이시니 그러므로 주의 이름을 생각하셔서 나를 인도하시고 지도하소서

4 그들이 나를 위하여 비밀히 친 그물에서 빼내소서 주는 나의 산성이시니이다

5 내가 나의 영을 주의 손에 부탁하나이다 진리의 하나님 여호와여 나를 속량하셨나이다

6 내가 허탄한 거짓을 숭상하는 자들을 미워하고 여호와를 의지하나이다

7 내가 주의 인자하심을 기뻐하며 즐거워할 것은 주께서 나의 고난을 보시고 환난 중에 있는 내 영혼을 아셨으며

8 나를 원수의 수중에 가두지 아니하셨고 내 발을 넓은 곳에 세우셨음이니이다

9 여호와여 내가 고통 중에 있사오니 내게 은혜를 베푸소서 내가 근심 때문에 눈과 영혼과 몸이 쇠하였나이다

10 내 일생을 슬픔으로 보내며 나의 연수를 탄식으로 보냄이여 내 기력이 나의 죄악 때문에 약하여지며 나의 뼈가 쇠하도소이다

11 내가 모든 대적들 때문에 욕을 당하고 내 이웃에게서는 심히 당하니 내 친구가 놀라고 길에서 보는 자가 나를 피하였나이다

12 내가 잊어버린 바 됨이 죽은 자를 마음에 두지 아니함 같고 깨진 그릇과 같으니이다

13 내가 무리의 비방을 들었으므로 사방이 두려움으로 감싸였나이다 그들이 나를 치려고 함께 의논할 때에 내 생명을 빼앗기로 꾀하였나이다

14 여호와여 그러하여도 나는 주께 의지하고 말하기를 주는 내 하나님이시라 하였나이다

15 나의 앞날이 주의 손에 있사오니 내 원수들과 나를 핍박하는 자들의 손에서 나를 건져 주소서

16 주의 얼굴을 주의 종에게 비추시고 주의 사랑하심으로 나를 구원하소서

17 여호와여 내가 주를 불렀사오니 나를 부끄럽게 하지 마시고 악인들을 부끄럽게 하사 스올에서 잠잠하게 하소서

시편 읽고
시편 쓰자

18 교만하고 완악한 말로 무례히 의인을 치는 거짓 입술이 말 못하는 자 되게 하소서

19 주를 두려워하는 자를 위하여 쌓아 두신 은혜 곧 주께 피하는 자를 위하여 인생 앞에 베푸신 은혜가 어찌 그리 큰지요

20 주께서 그들을 주의 은밀한 곳에 숨기사 사람의 꾀에서 벗어나게 하시고 비밀히 장막에 감추사 말 다툼에서 면하게 하시리이다

21 여호와를 찬송할지어다 견고한 성에서 그의 놀라운 사랑을 내게 보이셨음이로다

22 내가 놀라서 말하기를 주의 목전에서 끊어졌다 하였사오나 내가 주께 부르짖을 때에 주께서 나의 간구하는 소리를 들으셨나이다

23 너희 모든 성도들아 여호와를 사랑하라 여호와께서 진실한 자를 보호하시고 교만하게 행하는 자에게 엄중히 갚으시느니라

24 여호와를 바라는 너희들아 강하고 담대하라

7일

수술방 앞에 선 형제자매에게: 신은경의 위로 편지

언젠가 수술실 앞에 서 있었던 적이 있었습니다. 침상에 누운 환자를 수술실 자동문 앞으로 들여보내기 직전, 안내하는 직원은 보호자에게 마지막 인사를 나누라고 합니다. 그리고 잠시 시간을 줍니다. 대부분 밝은 얼굴을 지으며 서로를 안심시킵니다.

그러나 그것도 잠시, 드디어 정해진 시간이 다가오고 침상이 수술실 저편으로 미끄러져 들어가는 것을 보며 사람들은 망연자실합니다.

손으로 입을 가리며 돌아서는 사람들을 보며 저는 그 아픈 마음을 안아주고 싶었습니다. 그 순간 누군가가 따뜻한 품에 안아준다면 아마 참았던 눈물이 폭포처럼 쏟아져 내리겠지요? 조금만 더 용기가 있었더라면 그 자매를, 그 형제를, 크게 안아주었을 텐데 하며 아쉬움을 가득 담고 돌아와 그들에게 쓴 편지입니다.

✦

자, 이제 환자를 눕힌 침상이 수술실로 들어갔습니다. 좀 더 따뜻한 눈길을 보내지 못한 것 같아 후회스럽습니다. 꼭 한 번 따뜻하게 안아주고 싶었는데, 그것도 하지 못했습니다. '사랑해'라고 말했어야 했는데.

사실, 잊어버렸거나 쑥스러워서 못 한 건 아니었습니다. 그렇게 말하고 그렇게 팔을 둘러 끌어안다 보면 애써 참고 있던 눈물이 터져 나올지 몰라서, 그 눈물을 주체할 수 없을지 몰라서, 그래서 참고 있었던 것입니다.

이제 내가 할 수 있는 일은 없습니다. 정말 아무것도 없습니다. 이제 기도밖에요. 모든 건 집도하는 의사 선생님께 달려있습니다. 최고의 의료진으로 짜였다니 믿고 맡겨야지요. 어젯밤 오늘의 수술을 위해 많이 기도하셨을 겁니다. 그래도 불안하신가요? 두려우시죠? 마귀들이 어두운 생각을 가지고 가슴속을 파고듭니다. 안 됩니다. 절대 그 어둠에 마음을 내어 주지 마십시오.

그런데 이것 한 가지를 아셔야 합니다. 이제 사랑하는 내 가족은 하나님의 크신 팔에 안겨 들어간 것입니다. 날마다 손잡아 주시고 빛으로 인도하시는 하나님께서 오늘 이 순간엔 그 크신 팔로 번쩍 안아 들고 가신 것입니다. 이제 모든 건 그분의 손에 달려있습니다.

자, 이제부터 저를 따라 말씀을 읽어 보실까요? 소리내어 읽으시는 게 좋습니다. 이것이 모두 하나님께 통성기도로 열납(기쁘게 받아들이다)될 것이기 때문입니다.

두려워 말라 내가 너와 함께함이니라 놀라지 말라 나는 네 하나님이 됨이니라 내가 너를 굳세게 하리라 참으로 너를 도와 주리라 참으로 나의 의로운 오른손으로 너를 붙들리라
(이사야 41:10)

히스기야 왕은 죽게 되었다는 선고를 받고 통곡하며 얼굴을 벽으로 향하고 기도합니다. 하나님은 기도를 들으시고 답하십니다.

내가 네 기도를 들었고 네 눈물을 보았노라
(이사야 38:5)

부르짖어 기도하십시오. 그가 응답하십니다. 우리가 알지 못하는 크고 비밀한 일을 이제 그 분이 보여주실 차례입니다(예레미야 33:3). 그러나 어둠이 찾아올 때처럼 스멀스멀 시꺼먼 생각이 또 마음속에 스며들려 합니다.

너는 두려워하지 말라 내가 너를 구속하였고 내가 너를 지명하여 불렀나니 너는 내 것이라 네가 물 가운데로 지날 때에 내가 함께 할 것이라 강을 건널 때에 물이 너를 침몰

하지 못할 것이며 네가 불 가운데로 지날 때에 타지도 아니할 것이요 불꽃이 너를 사르지도 못하리니

(이사야 43:1~2)

그런데 어둠이 걷히고 감사의 마음이 올라옵니다. 하나님 참 감사합니다. 그래요, 검사도 하고 미리 발견하고 수술하게 된 것만도 얼마나 감사한지요. 급박한 상황을 당하지 않고 말이죠. 기도의 응답이었던 것입니다.

자, 이제 그 크신 팔로 번쩍 안아 수술실로 들어가신 하나님께서 친히 일하실 차례입니다. 집도하는 의사 선생님께 지혜와 명철을 주시고, 세심함과 정확함과 빠른 판단력으로 가장 좋은 선택을 하도록 인도해 주실 것입니다.

마취. 그는 꿈을 꾸고 있을까요? 너무 깊지도 않게 너무 얕지도 않게 그 상태를 유지했으면 좋겠습니다. 편안히 잠을 자듯 통증도 두려움도 없이 아무것도 모르고 있으면 좋겠습니다. 하나님께서 손수 일하시고 고치고 계시니까요. 만일 우리가 쓰던 물건이 깨지거나 고장나면 누구에게 물어보죠? 그래요, 만든 사람에게 묻는 것이 가장 확실합니다. 자동차도 쓰다가 말썽이 날 때 만든 회사에 맡기면 확실하게 고쳐 줍니다. 자동차 수리 공장 앞에서 혹시라도 무엇이 잘못되지나 않을까 걱정하며 발을 동동 구르고 안절부절 지켜 서 있는 사람을 보셨나요? 그렇지 않습니다. 사람들은 전문 기술자의 손에 내 차를 맡기고 맘 놓고 여유롭게 기다리다

가 나중에 차가 다 고쳐졌을 때, 그때 감사하기만 하면 됩니다.

시편은 마음의 평안을 줍니다. 여호와는 나의 목자시니 내가 부족함이 없으리로다. 내가 눈을 들어 하늘을 봅니다. 도움이 어디서 올까요? 여호와께로부터 옵니다.

더 잘해 주지 못한 것이 떠올라 마음 아픕니다. 정신을 고쳐 가다듬고 다시 한번 큰 소리로 말씀을 떠올립니다. 치유의 하나님께서 반드시 고쳐 주십니다. 몸 안에 몹쓸 것은 뜯어내시고 터진 곳을 꿰매시고 깨진 곳은 잘 붙여주고 계십니다. 의사 선생님의 이마에 흐르는 땀도 닦아주고 계실 겁니다. 한 치의 오차도 없이 완전하신 하나님!

예정된 시간이 가까워지고 있습니다. 혹시 시간이 늦어질지도 모르겠습니다. 아직 보호자를 급히 찾는 게 아닌 걸 보면 수술이 순조롭게 진행되고 있는 모양입니다.

수술실 회복실에서 중환자실로 옮겼다고 연락이 옵니다. 야호~ 살았습니다. 수술, 성공했습니다. 마취에서 깨어난 환자가 통증으로 몸부림친다고 합니다. 몸부림쳐서 감사합니다. 통증을 느낀다니 더욱 감사합니다. 살았으니까요. 이제 회복만 하면 됩니다. 씩씩하게, 의기양양하게 나도 중환자실로 들어갑니다. 그를 만나러 들어갑니다. 내 기도를 들어주시는 하나님, 정말 감사합니다.

다윗이 아비멜렉 앞에서 미친 체하다가 쫓겨나서 지은 시

1 내가 여호와를 항상 송축함이여 내 입술로 항상 주를 찬양하리이다

2 내 영혼이 여호와를 자랑하리니 곤고한 자들이 이를 듣고 기뻐하리로다

3 나와 함께 여호와를 광대하시다 하며 함께 그의 이름을 높이세

4 내가 여호와께 간구하매 내게 응답하시고 내 모든 두려움에서 나를 건지셨도다

5 그들이 주를 앙망하고 광채를 내었으니 그들의 얼굴은 부끄럽지 아니하리로다

6 이 곤고한 자가 부르짖으매 여호와께서 들으시고 그의 모든 환난에서 구원하셨도다

7 여호와의 천사가 주를 경외하는 자를 둘러 진 치고 그들을 건지시는도다

8 너희는 여호와의 선하심을 맛보아 알지어다 그에게 피하는 자는 복이 있도다

9 너희 성도들아 여호와를 경외하라 그를 경외하는 자에게는 부족함이 없도다

10 젊은 사자는 궁핍하여 주릴지라도 여호와를 찾는 자는 모든 좋은 것에 부족함이 없으리로다

11 너희 자녀들아 와서 내 말을 들으라 내가 여호와를 경외하는 법을 너희에게 가르치리로다

12 생명을 사모하고 연수를 사랑하여 복 받기를 원하는 사람이 누구뇨

13 네 혀를 악에서 금하며 네 입술을 거짓말에서 금할지어다

14 악을 버리고 선을 행하며 화평을 찾아 따를지어다

15 여호와의 눈은 의인을 향하시고 그의 귀는 그들의 부르짖음에 기울이시는도다

16 여호와의 얼굴은 악을 행하는 자를 향하사 그들의 자취를 땅에서 끊으려 하시는도다

17 의인이 부르짖으매 여호와께서 들으시고 그들의 모든 환난에서 건지셨도다

18 여호와는 마음이 상한 자를 가까이 하시고 충심으로 통회하는 자를 구원하시는도다

19 의인은 고난이 많으나 여호와께서 그의 모든 고난에서 건지시는도다

20 그의 모든 뼈를 보호하심이여 그 중에서 하나도 꺾이지 아니하도다

21 악이 악인을 죽일 것이라 의인을 미워하는 자는 벌을 받으리로다

22 여호와께서 그의 종들의 영혼을 속량하시나니 그에게 피하는 자는 다 벌을 받지 아니하리로다

8일

열심히 사는 신은경 권사

'내가 고생했다는데 왜 독자들이 은혜를 받을까? 파란만장한 내 인생이 왜 그분들에게 힘이 되고, 일어나라고 잡아주는 손이 될까?' 하고 생각해 보았습니다. 《잠언 읽고 잠언 쓰자》를 읽고 필사하시면서 독자들이 전해 주시는 은혜와 감사의 이야기를 듣고 제 마음에 든 생각이었습니다.

사실 그 책에 기록된 저의 묵상글은 잠언 본문 해설도 아니고 잠언 본문과 꼭 연결되지도 않는 글이었으나 그 글들이 마중물 역할을 했던 것 같습니다. '아, 권사님도 그런 고생한 적이 있으셨군요' 하면서 은혜받으시고 잠언 한 장을 필사하신답니다. 신당동에서 살 때, 아랫마을의 많은 불빛을 내려다보며 고난받을 때, 눈물 흘리며 자녀를 위해 기도할 때 등에 많은 은혜를 받으신다고 말씀해주십니다. 박사논문을 쓸 때 500페이지 쓰느라 고생한 이야기를 읽으시고 어떤 분이 그러셨어요.

"아, 성공하려면 무지무지 노력해야 하는구나."

많은 분이 '권사님이 살아가는 이야기를 또 써 주세요, 뭐든지' 하시면서 열심히 사는 저를 격려해 주셨어요.

사실 전 성공했다, 노력했다, 그런 것보다는 아주 작은 것을 꾸준히 오래 하는 걸 잘하는 편인 것 같아요.

최근 로버트 마우어의 《아주 작은 반복의 힘(One Small Step Can Change Your Life: The Kaizen Way)》을 읽으며 아주 반가웠습니다. 'Kaizen'이란 개선(改善)을 뜻하는 일본어에서 비롯된 용어로, 작은 규모의 변화를 실천하면 종래에 가선 큰 변화, 개선, 향상, 성공을 이룰 수 있다는 것입니다. 전 큰 건 못해도 작은 건 꾸준히 잘할 수 있거든요.

이애실 사모님의 책 《어? 성경이 읽어지네!》를 공부할 때였습니다. 그 책과 함께 저자의 강연이 CD 29장으로 나왔는데, 그걸 모두 다 반복해서 들으며 받아 썼어요. 처음에는 이렇게까지 해야 할까, 무엇 때문에 이렇게까지 하나 생각했지만, 베껴 쓰다 보니 어느 때부터 뭔가 보이더라고요.

1980년대 제가 방송할 때, 저는 뭐든지 그냥 쭉 다 써 놨어요. 의료 관련 프로그램 진행할 때는 출연하시는 의사 선생님들의 성함과 어느 병원에서 무슨 진료과목을 담당하시는지 등을 계속 몇 달 동안 쓰다 보니까 병원의 시스템이나 누가 명의인지가 다 보이더라고요.

FM 클래식 음악 프로그램을 진행할 때, 아주 실력 있는 작가님이 중요한 음악가를 비롯해 전문적인 음악 이야기를 한 꼭지씩 써 주셨거든요. 그 선생님의 원고가 정말 정말 귀해서, 저는 매일 매일 그것을 노트에 베껴 써 두었다가 나중엔 독서 카드에 분류해 잘 정리해 두었습니다. 그랬더니 나중에 어떤 작곡가나 연주자 이야기를 할 때 누구도 따라 할 수 없는, 그 어떤 작가도 써 줄 수 없는 중요한 음악사전, 아카이브 자료로서 커다란 역할을 할 수 있었습니다.

요즘은 매일 조금씩 꾸준히 하는 일들이 더 많아졌습니다. 하루에 3페이지씩 아침에 글을 쓰는 모닝 페이지를 실천하고 있는데, 500일이 지났을 즈음《잠언 읽고 잠언 쓰자》가 나왔고, 이제 700일이 되었을 때 다음 책,《시편 읽고 시편 쓰자》를 계획하게 되었습니다.

프랑스어 공부도 하루에 조금씩 550일 공부하니, TV에서 불어가 나오면 귀가 번쩍 뜨이기도 합니다. 아직 술술 귀가 트이고 입이 열리기까지는 아직도 몇 년이 더 걸릴지 모르지만, 그러면 어때요, 날마다 조금씩 나아지고 있으니 말이죠.

하루에 성경 10장을 읽으면 1년에 두 번 통독할 수 있습니다. 2021년 후반부터 시작했더니 이제 7독을 마쳤습니다. 앞으로도 계속할 계획입니다.

새해엔 이 스몰 스텝 전략을 운동하는 데 적용해 보려고 합니다. 집에 실내 자전거가 있는데 자칫 옷걸이로 전락할 위기에 있기에 새해 목표를 '자전거에 앉는다'로 잡았습니다. 단지 앉기만 하면 그날의 목표치를 채우는 거예요. 그래도 앉고 나니 5분이건 10분이건 자전거 페달을 밟게 되더라구요. 참으로 신기한 스몰 스텝 전략입니다.

다윗의 시

1 악을 행하는 자들 때문에 불평하지 말며 불의를 행하는 자들을 시기하지 말지어다

2 그들은 풀과 같이 속히 베임을 당할 것이며 푸른 채소 같이 쇠잔할 것임이로다

3 여호와를 의뢰하고 선을 행하라 땅에 머무는 동안 그의 성실을 먹을 거리로 삼을지어다

4 또 여호와를 기뻐하라 그가 네 마음의 소원을 네게 이루어 주시리로다

5 네 길을 여호와께 맡기라 그를 의지하면 그가 이루시고

6 네 의를 빛 같이 나타내시며 네 공의를 정오의 빛 같이 하시리로다

7 여호와 앞에 잠잠하고 참고 기다리라 자기 길이 형통하며 악한 꾀를 이루는 자 때문에 불평하지 말지어다

8 분을 그치고 노를 버리며 불평하지 말라 오히려 악을 만들 뿐이라

9 진실로 악을 행하는 자들은 끊어질 것이나 여호와를 소망하는 자들은 땅을 차지하리로다

10 잠시 후에는 악인이 없어지리니 네가 그 곳을 자세히 살필지라도 없으리로다

11 그러나 온유한 자들은 땅을 차지하며 풍성한 화평으로 즐거워하리로다

12 악인이 의인 치기를 꾀하고 그를 향하여 그의 이를 가는도다

13 그러나 주께서 그를 비웃으시리니 그의 날이 다가옴을 보심이로다

14 악인이 칼을 빼고 활을 당겨 가난하고 궁핍한 자를 엎드러뜨리며 행위가 정직한 자를 죽이고자 하나

15 그들의 칼은 오히려 그들의 양심을 찌르고 그들의 활은 부러지리로다

16 의인의 적은 소유가 악인의 풍부함보다 낫도다

17 악인의 팔은 부러지나 의인은 여호와께서 붙드시는도다

18 여호와께서 온전한 자의 날을 아시나니 그들의 기업은 영원하리로다

19 그들은 환난 때에 부끄러움을 당하지 아니하며 기근의 날에도 풍족할 것이나

20 악인들은 멸망하고 여호와의 원수들은 어린 양의 기름 같이 타서 연기가 되어 없어지리로다

21 악인은 꾸고 갚지 아니하나 의인은 은혜를 베풀고 주는도다

22 주의 복을 받은 자들은 땅을 차지하고 주의 저주를 받은 자들은 끊어지리로다

23 여호와께서 사람의 걸음을 정하시고 그의 길을 기뻐하시나니

24 그는 넘어지나 아주 엎드러지지 아니함은 여호와께서 그의 손으로 붙드심이로다

25 내가 어려서부터 늙기까지 의인이 버림을 당하거나 그의 자손이 걸식함을 보지 못하였도다

26 그는 종일토록 은혜를 베풀고 꾸어 주니 그의 자손이 복을 받는도다

27 악에서 떠나 선을 행하라 그리하면 영원히 살리니

28 여호와께서 정의를 사랑하시고 그의 성도를 버리지 아니하심이로다 그들은 영원히 보호를 받으나 악인의 자손은 끊어지리로다

29 의인이 땅을 차지함이여 거기서 영원히 살리로다

30 의인의 입은 지혜로우며 그의 혀는 정의를 말하며

31 그의 마음에는 하나님의 법이 있으니 그의 걸음은 실족함이 없으리로다

32 악인이 의인을 엿보아 살해할 기회를 찾으나

33 여호와는 그를 악인의 손에 버려 두지 아니하시고 재판 때에도 정죄하지 아니하시리로다

34 여호와를 바라고 그의 도를 지키라 그리하면 네가 땅을 차지하게 하실 것이라 악인이 끊어질 때에 네가 똑똑히 보리로다

35 내가 악인의 큰 세력을 본즉 그 본래의 땅에 서 있는 나무 잎이 무성함과 같으나

36 내가 지나갈 때에 그는 없어졌나니 내가 찾아도 발견하지 못하였도다

37 온전한 사람을 살피고 정직한 자를 볼지어다 모든 화평한 자의 미래는 평안이로다

38 범죄자들은 함께 멸망하리니 악인의 미래는 끊어질 것이나

39 의인들의 구원은 여호와로부터 오나니 그는 환난 때에 그들의 요새이시로다

40 여호와께서 그들을 도와 건지시되 악인들에게서 건져 구원하심은 그를 의지한 까닭이로다

9일

범사에 감사하라

CGN TV의 〈휴먼네컷〉이라는 프로그램을 촬영할 때였습니다. 모처럼 시간을 마련해 종일 녹화를 하기로 정한 날이었습니다. 벼가 익어가는 가을 논길을 걸으며 사는 이야기를 할 때, 갑자기 한 방울 두 방울씩 비가 오기 시작합니다. 제법 빗방울이 굵어졌습니다. 하나 있는 우산을 제게 씌워 주고 작가, PD, 촬영팀은 비를 홈빡 맞으며 촬영했습니다. 우산 쓰고 걷는 나를 드론으로 멋지게 찍어주었습니다.

서둘러 건물 안으로 들어왔습니다. 후두둑 떨어지던 비는 이제 더 이상 비를 피해 찍을 수 없을 정도로 폭우로 변했습니다. '하필이면 예보에도 없던 비가 오다니…' 하고 불평할 수도 있는 일이었습니다. 어쩔 수 없이 비 오는 정원을 하염없이 내다보고 카페 주인과 이야기를 나누며 비가 그치기만을 기다렸습니다. 촬영 감독님은 그때를 놓치지 않셨습니다. 초록 이파리마다 매달린 빗방울을 배경으로 생각지도 못했던 멋진 장면이 탄생한 것입니다.

범사에 감사하면 아침부터 밤까지 감사할 게 정말 정말 많아요. 이것이 내게 나쁜 일이라고 생각하는 순간도 감사할 수 있지요. 무얼 계획하고 일을 하려 할 때 변수가 생겨 못하게 된 경우가 있을 거예요. 예전엔, '나는 왜 하는 일마다 잘 안돼?'라고 생각했지만, 이젠 생각을 바꾸고 상황을 바라봅니다. '아, 아직 시행할 때가 아닌가? 그래서 하나님이 잠깐 막으셨나?' 그런 생각을 합니다. 그리고 그 '하나님의 때'를 기다리며 기대하는 겁니다.

예상치 못한 비로 인해 쉬며 촬영한 그 프로그램은 예상치 못했던 어마어마한 조회수 54만 회를 기록하며 지금도 많은 분들이 봐주시고 계십니다.

다윗의 기념하는 시

1 여호와여 주의 노하심으로 나를 책망하지 마시고 주의 분노하심으로 나를 징계하지 마소서

2 주의 화살이 나를 찌르고 주의 손이 나를 심히 누르시나이다

3 주의 진노로 말미암아 내 살에 성한 곳이 없사오며 나의 죄로 말미암아 내 뼈에 평안함이 없나이다

4 내 죄악이 내 머리에 넘쳐서 무거운 짐 같으니 내가 감당할 수 없나이다

5 내 상처가 썩어 악취가 나오니 내가 우매한 까닭이로소이다

6 내가 아프고 심히 구부러졌으며 종일토록 슬픔 중에 다니나이다

7 내 허리에 열기가 가득하고 내 살에 성한 곳이 없나이다

8 내가 피곤하고 심히 상하였으매 마음이 불안하여 신음하나이다

9 주여 나의 모든 소원이 주 앞에 있사오며 나의 탄식이 주 앞에 감추이지 아니하나이다

10 내 심장이 뛰고 내 기력이 쇠하여 내 눈의 빛도 나를 떠났나이다

11 내가 사랑하는 자와 내 친구들이 내 상처를 멀리하고 내 친척들도 멀리 섰나이다

시편 읽고
시편 쓰자

12 내 생명을 찾는 자가 올무를 놓고 나를 해하려는 자가 괴악한 일을 말하여 종일토록 음모를 꾸미오나

13 나는 못 듣는 자 같이 듣지 아니하고 말 못하는 자 같이 입을 열지 아니하오니

14 나는 듣지 못하는 자 같아서 내 입에는 반박할 말이 없나이다

15 여호와여 내가 주를 바랐사오니 내 주 하나님이 내게 응답하시리이다

16 내가 말하기를 두렵건대 그들이 나 때문에 기뻐하며 내가 실족할 때에 나를 향하여 스스로 교만할까 하였나이다

17 내가 넘어지게 되었고 나의 근심이 항상 내 앞에 있사오니

18 내 죄악을 아뢰고 내 죄를 슬퍼함이니이다

19 내 원수가 활발하며 강하고 부당하게 나를 미워하는 자가 많으며

20 또 악으로 선을 대신하는 자들이 내가 선을 따른다는 것 때문에 나를 대적하나이다

21 여호와여 나를 버리지 마소서 나의 하나님이여 나를 멀리하지 마소서

22 속히 나를 도우소서 주 나의 구원이시여

다윗의 시, 인도자를 따라 부르는 노래

1 가난한 자를 보살피는 자에게 복이 있음이여 재앙의 날에 여호와께서 그를 건지시리로다

2 여호와께서 그를 지키사 살게 하시리니 그가 이 세상에서 복을 받을 것이라 주여 그를 그 원수들의 뜻에 맡기지 마소서

3 여호와께서 그를 병상에서 붙드시고 그가 누워 있을 때마다 그의 병을 고쳐 주시나이다

4 내가 말하기를 여호와여 내게 은혜를 베푸소서 내가 주께 범죄하였사오니 나를 고치소서 하였나이다

5 나의 원수가 내게 대하여 악담하기를 그가 어느 때에나 죽고 그의 이름이 언제나 없어질까 하며

6 나를 보러 와서는 거짓을 말하고 그의 중심에 악을 쌓았다가 나가서는 이를 널리 선포하오며

7 나를 미워하는 자가 다 하나같이 내게 대하여 수군거리고 나를 해하려고 꾀하며

8 이르기를 악한 병이 그에게 들었으니 이제 그가 눕고 다시 일어나지 못하리라 하오며

9 내가 신뢰하여 내 떡을 나눠 먹던 나의 가까운 친구도 나를 대적하여 그의 발꿈치를 들었나이다

10 그러하오나 주 여호와여 내게 은혜를 베푸시고 나를 일으키사 내가 그들에게 보응하게 하소서 이로써

11 내 원수가 나를 이기지 못하오니 주께서 나를 기뻐하시는 줄을 내가 알았나이다

12 주께서 나를 온전한 중에 붙드시고 영원히 주 앞에 세우시나이다

13 이스라엘의 하나님 여호와를 영원부터 영원까지 송축할지로다 아멘 아멘

시편 읽고
시편 쓰자

10일

행복 언어, 천국 언어

신혼 때였어요. 우리 구역 예배를 이끄시는 집사님께서 양은순 선생님의 《사랑과 행복에의 초대》라는 책을 선물해 주셨습니다. 결혼이라는 어려운 프로젝트를 막 시작하여 꼭 필요한 책이었을 뿐만 아니라 소통 강의를 많이 하는 저에게 좋은 강연 자료가 되었습니다. 그 책의 내용을 인용해 강연에 많이 사용하였습니다.

그중에 특히 부부 사이의 대화에 관한 내용이 인상 깊었습니다. 하나님이 원하시는 대로 우리의 가정을 천국으로 만들기 위해서는 가정에서 천국 용어를 사용해야 하고, 천국 용어로 대화하였을 때 이러한 대화가 자녀에게 훌륭한 모범과 교훈을 주게 된다는 것입니다. 책에서는 이를 '천국 방언'이라 했고, 저는 이를 강연에서 말할 때 '행복 언어', 혹은 '천국 언어'라고 쉽게 풀어 말하며 제 나름대로 예화를 곁들어 소개했습니다.

천국 방언은 바로 '미안해요' '괜찮아요' '좋아요, 하세요' '잘했어요' '훌륭해요' '고마워요' '사랑해요' 이렇게 7가지입니다.

먼저, '미안해요'. 내가 실수했을 때는 즉각 시인하고 인정합니다. 그리고 '미안해요'라고 빨리 말하세요. 변명하거나 방어하거나 공격적이지 않도록 합니다. 출근하는 남편이 와이셔츠의 단추가 떨어졌다고 말할 때, 변명하는 대신, '미안해요. 혹시 오늘은 대신 이 푸른색 셔츠를 입으실래요? 나중에 제가 단추 달아 놓을게요'라고 바로 얘기하는 겁니다.

그럼 상대가 잘못했을 때는 어떻게 할까요? 너그럽게 용서해야 합니다. 행복한 가정은 두 사람이 서로를 이해하기 때문이 아니라 상대방을 용서하기 때문이라고 하죠. 예를 들어 방금 빨아 놓은 테이블보에 남편이 커피를 쏟았다고 가정해 봅시다. 그가 사과하기를 기다리지 말고 너그럽게 '괜찮아요, 곧 세탁할 거니까'라고 합니다. 저도 집에서 연습하느라 그렇게 용서의 대답을 많이 하다 보니 부작용도 좀 있더군요. 어린 딸아이가 자기 옷에 우유를 쏟고서는 자기가 먼저 말합니다. "괜찮아요, 곧 세탁할 거니까."

세 번째는 상대가 어떤 제안을 했을 때 흔쾌히 '좋아요, 하세요'라고 긍정적으로 대답하는 겁니다. 갑자기 집으로 손님을 모시고 온다고 할 때 투덜거리지 않는 게 좋습니다. 그냥 있으면 있는 대로 없으면 없는 대로 상을 차리면 되니까요. 어떤 댁에서는 밤늦게 예고도 없이 자주 손님을 모셔 오니까 있는 김치하고 계란말이만 안주로 내놓았다고 합니다. 그랬더니 손님들이 아예 '형수님, 계란말이 해주세요' 하면서 집에 들어서더랍니다.

그리고 배우자의 행동이나 결정에 대해선 '잘했어요' 하며 칭찬을 아끼지 말아야 합니다. 칭찬은 고래도 춤추게 한다고 하잖아요. 칭찬은 항상 새롭습니다. 그러니 계속 해야합니다. 이미 끝난 상황이면 무조건 '잘했어요'라고 말합니다.

우리 노래 중에 '잘했군, 잘했어. 그러게 내 영감(마누라)이라지~' 하는 노래도 있잖아요. 뒤뜰에 뛰어놀던 병아리를 잡아먹었다고 하면 이미 상황 끝입니다. 그러니 잘했군, 잘했어, 해야지요. 그거 왜 먹었느냐고 비난을 해 봐야 이미 뱃속으로 들어간 병아리는 살아 돌아오지 않습니다.

안데르센 동화집에 나오는 지혜로운 부인도 마찬가지인데요. 말 한 마리를 장터에 끌고 나간 남편은 그것을 암소로 바꾸고, 암양으로 바꾸고, 다시 거위와, 또 암탉과 바꾸더니, 결국 썩은 사과 한 자루와 바꿨습니다. 그 이야기를 듣고 한심해하던 귀족이 내기를 합니다. 말 한 마리를 끌고 나가 썩은 사과 한 자루를 가지고 온 남편에게도 칭찬을 할 것인지. 결국 칭찬대장인 아내는 남편을 칭찬했고, 귀족은 그 부부에게 금화 한 자루를 주었다는 이야기입니다.

그냥 칭찬뿐 아니라 배우자가 한 일에 대해 감탄하고 존경하는 특별한 칭찬도 필요합니다. 엄지 손가락을 척 올리고 '훌륭해요'라고 말합니다. 제 남편은 수첩이 없습니다. 모든 걸 '기억'하지요. 예전엔 전화번호 200개 외운다고 자랑할 정도였으니까요. 반면에 저는 수첩이 없으면 아무것도 기억 못하는 '기록'주의자이구요.

서로 신기하게도 부족한 점을 보충하며 잘 지내고 있습니다. 나만 옳다고 우기지 않고 상대를 칭찬한 게 비결인 것 같습니다. 적극적인 칭찬은 배우자의 기를 살립니다.

매일의 삶을 함께하는 배우자이지만, 그의 작은 노력이나 성의에도 고마움을 표현해야 합니다. '고마워요' 하구요. 감사의 비법에는 세 가지가 있지요. 작은 일에도 감사, 감사할 수 없는 일에도 감사, 그리고 미리 감사하는 것입니다.

끝으로 '사랑해요'. 표현하지 않는 사랑은 아무 힘이 없답니다. 수학 공부 한 번 해 볼까요? life-love=? 정답은 바로 0입니다.

인생은 곧 사랑입니다.

고라 자손의 마스길, 인도자를 따라 부르는 노래

1 하나님이여 사슴이 시냇물을 찾기에 갈급함 같이 내 영혼이 주를 찾기에 갈급하니이다

2 내 영혼이 하나님 곧 살아 계시는 하나님을 갈망하나니 내가 어느 때에 나아가서 하나님의 얼굴을 뵈올까

3 사람들이 종일 내게 하는 말이 네 하나님이 어디 있느뇨 하오니 내 눈물이 주야로 내 음식이 되었도다

4 내가 전에 성일을 지키는 무리와 동행하여 기쁨과 감사의 소리를 내며 그들을 하나님의 집으로 인도하였더니 이제 이 일을 기억하고 내 마음이 상하는도다

5 내 영혼아 네가 어찌하여 낙심하며 어찌하여 내 속에서 불안해 하는가 너는 하나님께 소망을 두라 그가 나타나 도우심으로 말미암아 내가 여전히 찬송하리로다

6 내 하나님이여 내 영혼이 내 속에서 낙심이 되므로 내가 요단 땅과 헤르몬과 미살 산에서 주를 기억하나이다

7 주의 폭포 소리에 깊은 바다가 서로 부르며 주의 모든 파도와 물결이 나를 휩쓸었나이다

8 낮에는 여호와께서 그의 인자하심을 베푸시고 밤에는 그의 찬송이 내게 있어 생명의 하나님께 기도하리로다

9 내 반석이신 하나님께 말하기를 어찌하여 나를 잊으셨나이까 내가 어찌하여 원수의 압제로 말미암아 슬프게 다니나이까 하리로다

10 내 뼈를 찌르는 칼 같이 내 대적이 나를 비방하여 늘 내게 말하기를 네 하나님이 어디 있느냐 하도다

11 내 영혼아 네가 어찌하여 낙심하며 어찌하여 내 속에서 불안해 하는가 너는 하나님께 소망을 두라 나는 그가 나타나 도우심으로 말미암아 내 하나님을 여전히 찬송하리로다

제46편

고라 자손의 시, 인도자를 따라 알라못에 맞춘 노래

1 하나님은 우리의 피난처시요 힘이시니 환난 중에 만날 큰 도움이시라

2 그러므로 땅이 변하든지 산이 흔들려 바다 가운데에 빠지든지

3 바닷물이 솟아나고 뛰놀든지 그것이 넘침으로 산이 흔들릴지라도 우리는 두려워하지 아니하리로다 (셀라)

4 한 시내가 있어 나뉘어 흘러 하나님의 성 곧 지존하신 이의 성소를 기쁘게 하도다

5 하나님이 그 성 중에 계시매 성이 흔들리지 아니할 것이라 새벽에 하나님이 도우시리로다

6 뭇 나라가 떠들며 왕국이 흔들렸더니 그가 소리를 내시매 땅이 녹았도다

7 만군의 여호와께서 우리와 함께 하시니 야곱의 하나님은 우리의 피난처시로다 (셀라)

8 와서 여호와의 행적을 볼지어다 그가 땅을 황무지로 만드셨도다

9 그가 땅 끝까지 전쟁을 쉬게 하심이여 활을 꺾고 창을 끊으며 수레를 불사르시는도다

10 이르시기를 너희는 가만히 있어 내가 하나님 됨을 알지어다 내가 뭇 나라 중에서 높임을 받으리라 내가 세계 중에서 높임을 받으리라 하시도다

11 만군의 여호와께서 우리와 함께 하시니 야곱의 하나님은 우리의 피난처시로다 (셀라)

11일 ▶

선명회 어린이 합창단

제가 다녔던 화곡여중에는 선명회 어린이 합창단 단원 몇 명이 같은 학년에서 공부하고 있었습니다. 그들이 합숙 훈련을 하는 곳이 김포가도에서 화곡동 쪽으로 들어오는 입구쯤이었기 때문에 학군이 우리 학교였던 것 같습니다.

그 친구들은 해외 연주 여행을 다녀야 했기 때문에 우리 단발머리 중학생들과 달리 머리를 기르고 양 갈래로 땋고 다녔습니다. 얼굴도 예뻐 그 땋은 머리를 볼 때마다 성숙한 멋쟁이 고등학생 같은 생각이 들 정도였죠. 게다가 영어도 잘해서 우리처럼 태어나 처음 영어를 배우는 애들의 실력과는 비교할 바가 아니었습니다. 무슨 부탁을 하면 영어로 '물론이지' 하며 일상생활에서 영어를 쓱쓱 하는데 그게 얼마나 부러웠는지 모릅니다.

한 번은 선생님을 따라 선명회 친구들이 합숙하고 있는 곳엘 가 보게 되었습니다. 호기심 가득한 마음을 가지고 그들의 생활을 볼 기회가 생긴 것이죠. 화려하고 자유롭고 우리 같은 촌스러운 중학생과는 다르게 살고 있을 것 같았습니다. 그런데, 그들은 엄격한 생활 계획표에 따라 일분일초를 아끼며 살고 있었습니다. 정해진 시간에 밥을 먹고, 정해진 스케줄에 따라 합창 연습을 하며 정해진 시간에 학교 공부와 숙제도 하고 있었습니다. 정말 한 순간도 허투루 쓰는 시간이 없었습니다. 얼마나 놀라고 감동했는지 큰 충격을 받았던 순간이었습니다. 날마다 피나는 합창 연습과 해외 연주를 하며 이렇게 공부도 충실히 하는데, 나는 뭐 하고 살고 있는 것인가 하면서 말이죠. 반성과 충격과 다짐을 해보는 시간이었습니다.

그 친구들이 우리 학교에 다녀서 정말 좋았던 것 중 하나는 선명회 어린이 합창단의 연주에 초대되는 특혜를 누린 것입니다. 그때 들었던 가장 아름다운, 잊지 못할 노래가 바로 나운영 작곡의 〈여호와는 나의 목자시니〉였습니다.

여호와는 나의 목자시니 내게 부족함이 없으리로다
나로 하여금 푸른 초장에 눕게 하시며
잔잔한 물가로 잔잔한 물가로 인도하시도다
진실로 선함과 인자하심이 인자하심이
나의 사는 날까지 나를 따르리니
내가 내가 여호와 전에 영원토록 영원토록
영원토록 거하리로다
아멘

그것이 구약의 시편 23편의 말씀을 가사로 한 것이라는 것은 나중에 알게 되었습니다. 그러니까 제가 가장 먼저 알았던 아름다운 말씀과 찬양이 시편 23편이었던 것입니다.

나에게 천사의 찬양 같던 〈여호와는 나의 목자시니〉를 알게 해준 선명회 합창단 친구들, 혜수, 정희, 미공이, 영숙이, 모두 어디서 어떻게 잘 살고 있는지 많이 보고 싶네요.

다윗의 시, 인도자를 따라 부르는 노래, 다윗이 밧세바와 동침한 후 선지자 나단이 그에게 왔을 때

1 하나님이여 주의 인자를 따라 내게 은혜를 베푸시며 주의 많은 긍휼을 따라 내 죄악을 지워 주소서

2 나의 죄악을 말갛게 씻으시며 나의 죄를 깨끗이 제하소서

3 무릇 나는 내 죄과를 아오니 내 죄가 항상 내 앞에 있나이다

4 내가 주께만 범죄하여 주의 목전에 악을 행하였사오니 주께서 말씀하실 때에 의로우시다 하고 주께서 심판하실 때에 순전하시다 하리이다

5 내가 죄악 중에서 출생하였음이여 어머니가 죄 중에서 나를 잉태하였나이다

6 보소서 주께서는 중심이 진실함을 원하시오니 내게 지혜를 은밀히 가르치시리이다

7 우슬초로 나를 정결하게 하소서 내가 정하리이다 나의 죄를 씻어 주소서 내가 눈보다 희리이다

8 내게 즐겁고 기쁜 소리를 들려 주시사 주께서 꺾으신 뼈들도 즐거워하게 하소서

9 주의 얼굴을 내 죄에서 돌이키시고 내 모든 죄악을 지워 주소서

10 하나님이여 내 속에 정한 마음을 창조하시고 내 안에 정직한 영을 새롭게 하소서

11 나를 주 앞에서 쫓아내지 마시며 주의 성령을 내게서 거두지 마소서

12 주의 구원의 즐거움을 내게 회복시켜 주시고 자원하는 심령을 주사 나를 붙드소서

13 그리하면 내가 범죄자에게 주의 도를 가르치리니 죄인들이 주께 돌아오리이다

14 하나님이여 나의 구원의 하나님이여 피 흘린 죄에서 나를 건지소서 내 혀가 주의 의를 높이 노래하리이다

15 주여 내 입술을 열어 주소서 내 입이 주를 찬송하여 전파하리이다

16 주께서는 제사를 기뻐하지 아니하시나니 그렇지 아니하면 내가 드렸을 것이라 주는 번제를 기뻐하지 아니하시나이다

17 하나님께서 구하시는 제사는 상한 심령이라 하나님이여 상하고 통회하는 마음을 주께서 멸시하지 아니하시리이다

18 주의 은택으로 시온에 선을 행하시고 예루살렘 성을 쌓으소서

19 그 때에 주께서 의로운 제사와 번제와 온전한 번제를 기뻐하시리니 그 때에 그들이 수소를 주의 제단에 드리리이다

다윗의 믹담 시, 인도자를 따라 요낫 엘렘 르호김에 맞춘 노래, 다윗이 가드에서 블레셋인에게 잡힌 때에

1 하나님이여 내게 은혜를 베푸소서 사람이 나를 삼키려고 종일 치며 압제하나이다

2 내 원수가 종일 나를 삼키려 하며 나를 교만하게 치는 자들이 많사오니

3 내가 두려워하는 날에는 내가 주를 의지하리이다

4 내가 하나님을 의지하고 그 말씀을 찬송하올지라 내가 하나님을 의지하였은즉 두려워하지 아니하리니 혈육을 가진 사람이 내게 어찌 하리이까

5 그들이 종일 내 말을 곡해하며 나를 치는 그들의 모든 생각은 사악이라

6 그들이 내 생명을 엿보았던 것과 같이 또 모여 숨어 내 발자취를 지켜보나이다

7 그들이 악을 행하고야 안전하오리이까 하나님이여 분노하사 뭇 백성을 낮추소서

8 나의 유리함을 주께서 계수하셨사오니 나의 눈물을 주의 병에 담으소서 이것이 주의 책에 기록되지 아니하였나이까

9 내가 아뢰는 날에 내 원수들이 물러가리니 이것으로 하나님이 내 편이심을 내가 아나이다

10 내가 하나님을 의지하여 그의 말씀을 찬송하며 여호와를 의지하여 그의 말씀을 찬송하리이다

11 내가 하나님을 의지하였은즉 두려워하지 아니하리니 사람이 내게 어찌하리이까

12 하나님이여 내가 주께 서원함이 있사온즉 내가 감사제를 주께 드리리니

13 주께서 내 생명을 사망에서 건지셨음이라 주께서 나로 하나님 앞, 생명의 빛에 다니게 하시려고 실족하지 아니하게 하지 아니하셨나이까

12일

하나님 어린이집

종갓집 맏며느리로 시집오신 우리 엄마는 시어머니의 명령대로 일 년에 열두 번씩 조상 제사를 모셨습니다. '없는 집 제사 돌아오듯 한다'라는 옛말도 있듯이 한 번 제사 지내고 나면 또 제사, 또 제사, 끝이 없었습니다.

그러다 서른아홉 젊은 나이에 남편을 잃고 남겨진 4남매를 혼자 힘으로 키우셔야 했지요. 어떻게 하면 이 아이들을 잘 키워 곁길로 새지 않고 옳은 길로 갈 수 있게 키울 수 있을까 많이 고민하셨습니다. 주위의 충고를 듣고 엄마는 우리 4남매를 교회에 보내셨습니다. 엄마는 '교회'라는 곳도, '목사님'이 어떤 분인지도 모르셨어요. 그런데 잘 들어보니 '교회'라는 곳이 있는데, 그곳에 가면 '목사님'이라는 분이 해주시는 좋은 말씀을 듣고 아이들이 옳은 길로 갈 수 있다고 하는 거예요. 말하자면 '하나님 어린이집'에 우리 넷을 맡기신 것이었습니다. 참으로 탁월한 선택이었습니다.

교회에 가 보니 우선 맛있는 게 많았습니다. 늘 먹을 게 풍성했고, 특히 성탄절 전날 밤새 동네를 돌아다니며 찬양을 부르는 새벽송을 돌고 나면, 마지막 어느 권사님 댁에서 뜨끈한 떡국을 끓여 주셨던 기억이 있습니다. 찬양 시간도 참 좋았어요. 지금도 찬양을 들으면 왠지 눈물부터 납니다.

그렇게 재미있게 교회에 나갔지만 이후 고등학교, 대학교를 다니느라, 아나운서로 세상에 이름을 날리느라 바쁘게 지내며 하나님전에 가는 일을 잊었습니다.

그러다 결혼을 하며 평안북도 선천이 고향인 모태신앙 남편을 만나게 된 것입니다. 엄마는 제게 십자가 목걸이를 사주시며 말씀하셨어요.

"너는 예수 믿는 집으로 시집가니 아무 소리 말고 남편 따라 교회를 나가라."

내가 혹시라도 '저는 친정에서 제사 모셨어요' 하며 엉뚱한 소리를 할까 봐 걱정이 되셨나 봐요. 저는 그렇게 남편 손을 잡고 자연스럽게 고민 없이, 장애도 없이, 교회엘 다시 나가게 되었습니다.

한 번 하나님 어린이집에 발을 들여놓은 아이는 결국 언젠가는 하나님의 부르심을 받는가 봅니다.

제59편

다윗의 믹담 시, 인도자를 따라 알다스헷에 맞춘 노래, 사울이 사람을 보내어 다윗을 죽이려고 그 집을 지킨 때에

1 나의 하나님이여 나의 원수에게서 나를 건지시고 일어나 치려는 자에게서 나를 높이 드소서

2 악을 행하는 자에게서 나를 건지시고 피 흘리기를 즐기는 자에게서 나를 구원하소서

3 그들이 나의 생명을 해하려고 엎드려 기다리고 강한 자들이 모여 나를 치려 하오니 여호와여 이는 나의 잘못으로 말미암음이 아니요 나의 죄로 말미암음도 아니로소이다

4 내가 허물이 없으나 그들이 달려와서 스스로 준비하오니 주여 나를 도우시기 위하여 깨어 살펴 주소서

5 주님은 만군의 하나님 여호와, 이스라엘의 하나님이시오니 일어나 모든 나라들을 벌하소서 악을 행하는 모든 자들에게 은혜를 베풀지 마소서 (셀라)

6 그들이 저물어 돌아와서 개처럼 울며 성으로 두루 다니고

7 그들의 입으로는 악을 토하며 그들의 입술에는 칼이 있어 이르기를 누가 들으리요 하나이다

8 여호와여 주께서 그들을 비웃으시며 모든 나라들을 조롱하시리이다

9 하나님은 나의 요새이시니 그의 힘으로 말미암아 내가 주를 바라리이다

10 나의 하나님이 그의 인자하심으로 나를 영접하시며 하나님이 나의 원수가 보응 받는 것을 내가 보게 하시리이다

11 그들을 죽이지 마옵소서 나의 백성이 잊을까 하나이다 우리 방패 되신 주여 주의 능력으로 그들을 흩으시고 낮추소서

12 그들의 입술의 말은 곧 그들의 입의 죄라 그들이 말하는 저주와 거짓말로 말미암아 그들이 그 교만한 중에서 사로잡히게 하소서

13 진노하심으로 소멸하시되 없어지기까지 소멸하사 하나님이 야곱 중에서 다스리심을 땅 끝까지 알게 하소서 (셀라)

14 그들에게 저물어 돌아와서 개처럼 울며 성으로 두루 다니게 하소서

15 그들은 먹을 것을 찾아 유리하다가 배부름을 얻지 못하면 밤을 새우려니와

16 나는 주의 힘을 노래하며 아침에 주의 인자하심을 높이 부르오리니 주는 나의 요새이시며 나의 환난 날에 피난처심이니이다

17 나의 힘이시여 내가 주께 찬송하오리니 하나님은 나의 요새이시며 나를 긍휼히 여기시는 하나님이심이니이다

다윗의 시, 인도자를 따라 여두둔의 법칙에 따라 부르는 노래

1 나의 영혼이 잠잠히 하나님만 바람이여 나의 구원이 그에게서 나오는도다

2 오직 그만이 나의 반석이시요 나의 구원이시요 나의 요새이시니 내가 크게 흔들리지 아니하리로다

3 넘어지는 담과 흔들리는 울타리 같이 사람을 죽이려고 너희가 일제히 공격하기를 언제까지 하려느냐

4 그들이 그를 그의 높은 자리에서 떨어뜨리기만 꾀하고 거짓을 즐겨 하니 입으로는 축복이요 속으로는 저주로다 (셀라)

5 나의 영혼아 잠잠히 하나님만 바라라 무릇 나의 소망이 그로부터 나오는도다

6 오직 그만이 나의 반석이시요 나의 구원이시요 나의 요새이시니 내가 흔들리지 아니하리로다

7 나의 구원과 영광이 하나님께 있음이여 내 힘의 반석과 피난처도 하나님께 있도다

8 백성들아 시시로 그를 의지하고 그의 앞에 마음을 토하라 하나님은 우리의 피난처시로다 (셀라)

9 아, 슬프도다 사람은 입김이며 인생도 속임수이니 저울에 달면 그들은 입김보다 가벼우리로다

10 포악을 의지하지 말며 탈취한 것으로 허망하여지지 말며 재물이 늘어도 거기에 마음을 두지 말지어다

11 하나님이 한두 번 하신 말씀을 내가 들었나니 권능은 하나님께 속하였다 하셨도다

12 주여 인자함은 주께 속하오니 주께서 각 사람이 행한 대로 갚으심이니이다

13일 한쪽 문이 닫히면 또 다른 문이 열린다

2018년, 현역 국회의원이었던 남편이 다음 선거에 나가기 위한 공천을 받지 못해 아내인 제가 대신해 출마한 적이 있었습니다. 10년 이상 가족보다 더 가까이 자주 만나며 지역구 일을 함께했다고 생각했는데 표를 찍어주시는 건 또 다른 문제였나 봅니다. 그 선거에서 저는 그만 똑 떨어지고 말았습니다.

그때 들은 설교 말씀이 '한쪽 문이 닫히면 또 다른 문이 열린다'였습니다. 남편을 대신해 나간 선거에서 이렇게 낙선했는데 이 문이 닫혔으니 어떤 다른 문이 열릴 것인가? 질문을 했지만, 사방이 꽉 막힌 어두운 동굴 속에서 광야의 시간은 아주 오래 계속되었습니다. 빛이 보이지 않았습니다.

그렇게 2년이 지났습니다. 팩트는 낙선이었지만, 그 일에 대한 나의 해석은 '세상이 나를 거절했다' '사람들이 나를 거부했다'였고, 그로 인해 어두운 곳에서 울고 있었던 것입니다.

다행히 하프타임 세미나에 가게 되었고, 나는 누구인지, 후반전 인생은 무엇을 하며 살아갈 것인가를 질문하며 나의 정체성과 사명을 깨닫게 되었습니다. 그 이후 방송과 강연과 책 출간이 이어졌습니다.

정치의 문이 닫히자 대학에서 다시 교수 일을 시작하게 되었고 방송도 시작하게 되었습니다. 차의과학대학교 의료홍보미디어학과 교수로, 대학 강단에 서게 되었고, CTS TV 〈7000 미라클〉도 진행하게 되었습니다. 하나님처럼 경건하게 우리의 말을 바꾸자는 내용의 《홀리 스피치》 책을 내니 많은 강연에 가는 기회도 생겼습니다.

제 경우에는 '한쪽 문이 닫히자 이후 여러 개의 문이 활짝 열렸다'라고 할 수 있지 않을까요? 여러분 앞에 두드렸던 문이 닫혀 버렸습니까? 너무 쉽게 실망하지 마세요. 또 다른 문이 열립니다. 기다리고 기대해 보세요.

다윗의 시, 인도자를 따라 부르는 노래

1 하나님이여 내가 근심하는 소리를 들으시고 원수의 두려움에서 나의 생명을 보존하소서

2 주는 악을 꾀하는 자들의 음모에서 나를 숨겨 주시고 악을 행하는 자들의 소동에서 나를 감추어 주소서

3 그들이 칼 같이 자기 혀를 연마하며 화살 같이 독한 말로 겨누고

4 숨은 곳에서 온전한 자를 쏘며 갑자기 쏘고 두려워하지 아니하는도다

5 그들은 악한 목적으로 서로 격려하며 남몰래 올무 놓기를 함께 의논하고 하는 말이 누가 우리를 보리요 하며

6 그들은 죄악을 꾸미며 이르기를 우리가 묘책을 찾았다 하나니 각 사람의 속 뜻과 마음이 깊도다

7 그러나 하나님이 그들을 쏘시리니 그들이 갑자기 화살에 상하리로다

8 이러므로 그들이 엎드러지리니 그들의 혀가 그들을 해함이라 그들을 보는 자가 다 머리를 흔들리로다

9 모든 사람이 두려워하여 하나님의 일을 선포하며 그의 행하심을 깊이 생각하리로다

10 의인은 여호와로 말미암아 즐거워하며 그에게 피하리니 마음이 정직한 자는 다 자랑하리로다

제71편

1 여호와여 내가 주께 피하오니 내가 영원히 수치를 당하게 하지 마소서

2 주의 의로 나를 건지시며 나를 풀어 주시며 주의 귀를 내게 기울이사 나를 구원하소서

3 주는 내가 항상 피하여 숨을 바위가 되소서 주께서 나를 구원하라 명령하셨으니 이는 주께서 나의 반석이시요 나의 요새이심이니이다

4 나의 하나님이여 나를 악인의 손 곧 불의한 자와 흉악한 자의 장중에서 피하게 하소서

5 주 여호와여 주는 나의 소망이시요 내가 어릴 때부터 신뢰한 이시라

6 내가 모태에서부터 주를 의지하였으며 나의 어머니의 배에서부터 주께서 나를 택하셨사오니 나는 항상 주를 찬송하리이다

7 나는 무리에게 이상한 징조 같이 되었사오나 주는 나의 견고한 피난처시오니

8 주를 찬송함과 주께 영광 돌림이 종일토록 내 입에 가득하리이다

9 늙을 때에 나를 버리지 마시며 내 힘이 쇠약할 때에 나를 떠나지 마소서

10 내 원수들이 내게 대하여 말하며 내 영혼을 엿보는 자들이 서로 꾀하여

11 이르기를 하나님이 그를 버리셨은즉 따라 잡으라 건질 자가 없다 하오니

12 하나님이여 나를 멀리 하지 마소서 나의 하나님이여 속히 나를 도우소서

13 내 영혼을 대적하는 자들이 수치와 멸망을 당하게 하시며 나를 모해하려 하는 자들에게는 욕과 수욕이 덮이게 하소서

14 나는 항상 소망을 품고 주를 더욱더욱 찬송하리이다

15 내가 측량할 수 없는 주의 공의와 구원을 내 입으로 종일 전하리이다

16 내가 주 여호와의 능하신 행적을 가지고 오겠사오며 주의 공의만 전하겠나이다

17 하나님이여 나를 어려서부터 교훈하셨으므로 내가 지금까지 주의 기이한 일들을 전하였나이다

18 하나님이여 내가 늙어 백발이 될 때에도 나를 버리지 마시며 내가 주의 힘을 후대에 전하고 주의 능력을 장래의 모든 사람에게 전하기까지 나를 버리지 마소서

19 하나님이여 주의 의가 또한 지극히 높으시니이다 하나님이여 주께서 큰 일을 행하셨사오니 누가 주와 같으리이까

20 우리에게 여러 가지 심한 고난을 보이신 주께서 우리를 다시 살리시며 땅 깊은 곳에서 다시 이끌어 올리시리이다

21 나를 더욱 창대하게 하시고 돌이키사 나를 위로하소서

22 나의 하나님이여 내가 또 비파로 주를 찬양하며 주의 성실을 찬양하리이다 이스라엘의 거룩하신 주여 내가 수금으로 주를 찬양하리이다

23 내가 주를 찬양할 때에 나의 입술이 기뻐 외치며 주께서 속량하신 내 영혼이 즐거워하리이다

24 나의 혀도 종일토록 주의 의를 작은 소리로 읊조리오리니 나를 모해하려 하던 자들이 수치와 무안을 당함이니이다

14일 ▸ 결혼은 디저트로 시작되는 정찬

최근에 조카의 결혼식에 신부 고모로서 축사를 한 적이 있습니다. 제 딸이 조카와 동갑이어서 어렸을 때 그 집에서 거의 살다시피 했습니다. 제가 정치하는 남편 뒷바라지한다고 무척 바쁘게 지냈기 때문에 저희 친정어머니가 제 딸을 돌봐주시면서 주로 딸 둘을 키우는 올케 집에 데리고 가셨습니다. 그러니까 우리 올케는 딸 셋을 키운 셈이었지요. 올케로서는 시어머니가 형님 댁 아이를 데리고 와서 먹이고 입히고 재우고 했으니 얼마나 힘들었겠습니까. 그래서 저는 그때부터 마음속에 한가지 결심을 했습니다. '크게 한 번 이 집에 은혜를 갚아야 한다.' 이렇게 늘 생각하고 있었지요.

그 조카가 아름다운 짝을 만나 이제 결혼하겠다고 하며 고모에게 축사를 부탁했습니다. 집안 큰 경사에 폐가 되는 게 아닌가 생각도 했지만, 혹시라도 조금이라도 보탬이 된다면 정말 고모가 할 수 있는 가장 큰 선물이 될 수 있겠다, 그런 생각으로 용기를 내어 보았습니다. 축사는 대략 이런 내용이었습니다.

✦

결혼은 굉장히 어려운 프로젝트입니다. 혹시 도움이 될까 해서, 먼저 겪어본 선배로 어려울 때 도움이 되었던 세 가지만 간단하게 말씀을 드릴까 합니다.

첫째, 일반적으로 '부부는 서로 사랑하라'라고 말합니다. 그런데요, 정확히 말하면 남편은 아내를 '사랑'해야 하고 아내는 남편을 '존경'해야 한다고 합니다. 남편은 자신을 존경해 주는 아내를 사랑할 수 있고 아내는 자신을 극진히 사랑하는 남편을 존경할 수 있다는 이야기입니다.

둘째, '상대방을 거울처럼 생각하라'는 것입니다. 제 결혼식 때 주례를 맡아주셨던 선생님께 들은 말씀인데요, 살다 보면 기쁠 때도 많지만 상대방의 모습이 내 맘에 안 들 때도 있습니다. (지금은 안 믿어지시겠지만.) 그럴 때는 바로 거울을 보듯 생각하는 거죠. 나의 모습, 나의 태도, 나의 표정이 상대를 이렇게 만든 거로구나, 이렇게 생각하라는 얘기죠. 내가 먼저 미소 짓고 언제나 친절하시길 바랍니다.

마지막으로, 어떤 일이 있어도 '마음을 얼어붙게 만드는 일은 하지 말아야 한다'라는 것입니다. 한 번은 제가 냉장고 속에 오이를 잘못 보관해서 오이가 꽁꽁 얼어버린 적이 있습니다. 오이를 녹이려고 꺼내 놓았는데 얼었다 녹은 오이는 물크러져서 원래 제 모습을 찾을 수가 없었습니다. 저는 그때 깨달았습니다. 사람의 마음도 이런 것이로구나, 어떤 일이 있어도 마음을 얼어붙게 하는 일은 없어야겠구나 하고 생각했습니다. 한번 얼어버린 마음은 원래 모습으로 돌이킬 수가 없기 때문입니다.

사람의 마음을 얼어붙게 하는 것은 '우리 입의 말'입니다. 어떤 경우에도 극단적인 말, 상처를 입히는 말은 참으시길 바랍니다. 서로를 '최고의 선물'로, '최고의 축복'으로 생각하시고, 많이 아껴주시길 바랍니다.

이런 말이 있어요. '결혼은 디저트로 시작되는 정찬이다'라는 말입니다. 오늘 지금 시작은 정말 달콤한 디저트 같은 순간이지만 이제부터 정말 '제대로 식사'가 시작됩니다. 어떤 것은 꼭꼭 씹어 넘겨야 할 것도 있고, 또 어떤 것은 입에는 맛이 없어도 몸에 좋은 것이라서 골고루 먹어야 하는 음식도 있을 것입니다. 그래야 더욱 튼튼하고 건강해진 몸이 될 것입니다.

행복한 가정에서 귀하게 키운 어여쁜 청년 두 사람. 훌륭한 부모님께서 두 사람을 이렇게 키워주셨으니, 엄마 아빠처럼만 하시면 될 것 같습니다.

다시 한번 두 사람의 결혼을 진심으로 축하드립니다.

아삽의 시

1 하나님이 참으로 이스라엘 중 마음이 정결한 자에게 선을 행하시나

2 나는 거의 넘어질 뻔하였고 나의 걸음이 미끄러질 뻔하였으니

3 이는 내가 악인의 형통함을 보고 오만한 자를 질투하였음이로다

4 그들은 죽을 때에도 고통이 없고 그 힘이 강건하며

5 사람들이 당하는 고난이 그들에게는 없고 사람들이 당하는 재앙도 그들에게는 없나니

6 그러므로 교만이 그들의 목걸이요 강포가 그들의 옷이며

7 살찜으로 그들의 눈이 솟아나며 그들의 소득은 마음의 소원보다 많으며

8 그들은 능욕하며 악하게 말하며 높은 데서 거만하게 말하며

9 그들의 입은 하늘에 두고 그들의 혀는 땅에 두루 다니도다

10 그러므로 그의 백성이 이리로 돌아와서 잔에 가득한 물을 다 마시며

11 말하기를 하나님이 어찌 알랴 지존자에게 지식이 있으랴 하는도다

12 볼지어다 이들은 악인들이라도 항상 평안하고 재물은 더욱 불어나도다

13 내가 내 마음을 깨끗하게 하며 내 손을 씻어 무죄하다 한 것이 실로 헛되도다

14 나는 종일 재난을 당하며 아침마다 징벌을 받았도다

15 내가 만일 스스로 이르기를 내가 그들처럼 말하리라 하였더라면 나는 주의 아들들의 세대에 대하여 악행을 행하였으리이다

16 내가 어쩌면 이를 알까 하여 생각한즉 그것이 내게 심한 고통이 되었더니

17 하나님의 성소에 들어갈 때에야 그들의 종말을 내가 깨달았나이다

18 주께서 참으로 그들을 미끄러운 곳에 두시며 파멸에 던지시니

19 그들이 어찌하여 그리 갑자기 황폐되었는가 놀랄 정도로 그들은 전멸하였나이다

20 주여 사람이 깬 후에는 꿈을 무시함 같이 주께서 깨신 후에는 그들의 형상을 멸시하시리이다

21 내 마음이 산란하며 내 양심이 찔렸나이다

22 내가 이같이 우매 무지함으로 주 앞에 짐승이오나

23 내가 항상 주와 함께 하니 주께서 내 오른손을 붙드셨나이다

24 주의 교훈으로 나를 인도하시고 후에는 영광으로 나를 영접하시리니

25 하늘에서는 주 외에 누가 내게 있으리요 땅에서는 주 밖에 내가 사모할 이 없나이다

26 내 육체와 마음은 쇠약하나 하나님은 내 마음의 반석이시요 영원한 분깃이시라

27 무릇 주를 멀리하는 자는 망하리니 음녀 같이 주를 떠난 자를 주께서 다 멸하셨나이다

28 하나님께 가까이 함이 내게 복이라 내가 주 여호와를 나의 피난처로 삼아 주의 모든 행적을 전파하리이다

15일 ▸ 웃으면 성공한다

웃는 얼굴은 분명 돈 안 들이고 확실히 성공하는 방법입니다. 사회적으로 성공하고 싶다면 말하기 연습을 하기 전에 우선 웃는 연습부터 합시다. 미국 스탠퍼드 대학의 윌리엄 프라이 박사는 이렇게 말했습니다. "웃음은 전염된다. 웃음은 감염된다. 이 둘은 모두 건강에 좋다."

저는 강연에 앞서 청중에게 주문하는 것이 있습니다. 바로 '웃으면서 고개를 끄덕끄덕하며 제 이야기를 들어주세요' 하는 것입니다. 앞에서 열심히 말하는데 듣는 사람이 아무 표정이 없는 얼굴로 앉아 있으면 강사는 여러 가지 생각을 하게 됩니다.

'혹시 내 말이 재미가 없나, 관심이 없는 주제인가, 아니면 억지로 이 자리에 왔을까?'

그러나 청중이 밝은 얼굴로 '어머, 이런 이야기는 처음 들어봐요, 참 재미있어요' 하는 태도로 들어주면 강사는 신이 나서 더 열심히 이야기하게 됩니다. 그러면 청중은 더욱 강의에 집중할 수 있게 되고, 그날 강연은 청중에게도 강연자에게도 모두 멋진 기억으로 남을 것이 분명합니다.

남편이 국회의원을 하던 시절이었습니다. 처음 남편의 선거 지역구에 찾아갔을 때, 동네 어르신들이 저를 만나 맨 처음 하신 말씀을 잊을 수 없어요. 바로 '어머, 웃기도 하네요' 하는 말씀이었습니다. '아니, 그럼 저는 웃지도 않는 사람인 줄 아셨어요?'라고 말하고 가만히 생각해 보니, 그분들의 말씀이 이해가 가지 않는 바도 아니었습니다. 그분들이 저를 본 것은 뉴스를 전하는 TV 화면 속의 신은경이었을 뿐이기 때문이죠. 뉴스가 전하는 것은 대부분 사고 났어요, 싸웠어요, 사기 쳤어요, 불났어요, 죽었어요 하는 내용이다 보니, 웬만해선 웃는 얼굴을 보인 일이 없었던 겁니다.

환하게 웃는 얼굴은 일단 보기가 좋습니다. 미인대회에 출전하게 되면 먼저 걷는 연습과 웃는 연습을 한다고 합니다. 미인은 웃을 때 치아가 여덟 개가 보인답니다. 윗니 가운데를 중심으로 왼쪽 네 개, 오른쪽 네 개가 보여야 한다는 말입니다. 그런데 미소란 마음에서 나오는 것이니, 기쁜 마음이 크게 넘쳐 밝고 환하게 웃다 보면 열 개 이상 보여도 괜찮습니다. 위아래 합쳐 스무 개 보여도 괜찮습니다.

그런데 우리 한국 사람들은 웃는 얼굴이 익숙하지 않습니다. 오랜 유교 전통과 문화적인 바탕에서 그렇게 아무 데서나 아무에게나 속없는 사람처럼 벙글거리는 게 안 되어 있는 듯합니다. 서

양 사람들은 복도에서 마주칠 때 모르는 사람이라도 서로 눈이 마주치면 그저 살짝 웃어주고 지나갑니다. 엘리베이터에 단둘이 타게 되면 더 부드러운 얼굴로 상대를 쳐다보고 쌩긋 웃어줍니다. 아마도 '난 너를 해칠 생각이 없어!'라는 무언의 표시일 것이라고 문화적 해석을 하는 사람도 있습니다.

고등학교 졸업식에 친구들과 함께 기념사진을 찍을 때였습니다. 한 친구의 어머니가 사진을 찍는 우리들 옆에서 자꾸 '입 다물어, 입 다물어' 하고 주문하셨습니다. 사진 찍을 때 보통 '김치' 하고 찍어야 하는 줄 알고 이를 드러내고 웃고 있던 우리들은 민망해서 입을 벌려야 될지 다물어야 할지 우물쭈물했던 기억이 납니다. 아마도 그 어머니의 전통적인 사고방식으로는 여자아이들이 입을 헤 벌리고 웃는 것이 조신하지 못하다고 생각하신 것 같습니다.

그러면, 예쁘게 웃는 얼굴은 어떻게 만들까요? 자꾸 연습해야 합니다. 연습해야 안면 근육이 익숙해져서 웃는 얼굴이 예쁘게 나옵니다. 웃는 데 익숙하지 않았던 사람이라면 오늘부터 거울을 보고 연습을 해 봅시다. 요즘 유명한 한류 스타 사진 한 장을 앞에 가져다 놓고 따라 해 보는 것도 좋습니다. 그러나 막상 그렇게 거울 앞에서 웃어보면 거울에 비치는 내 얼굴이 진짜 내 얼굴 같지 않게 느껴집니다. 마치 가면을 쓴 것 같습니다. 그러면 어떻게 해야 할까요? 그렇습니다. 계속 연습해야 합니다. 언제까지? 될 때까지요. 가면이 실물이 될 때까지 연습하면 됩니다.

사법연수원 졸업생들의 앨범을 들여다보며 검사 출신 변호사 한 분이 우스갯소리로 하신 말씀이 기억납니다.

"이 사진들을 유심히 보십시오. 똑바로 정면을 보고 찍은 사람이 있는가 하면, 이렇게 옆으로 비스듬히, 그리고 활짝 웃으며 사진을 찍은 사람도 있죠? 후자의 사람들은 나중에 보니 대부분 정치 쪽이나 뭐 그런 데로 진출합디다."

원래부터 그런 성향의 사람들은 사진 찍는 자세부터 달랐다는 얘기인데, 실제로 요즘 정치인들의 사진을 보면 활짝 웃는 사진을 사용합니다. 웃는 얼굴은 긍정적이고 미래지향적으로 보입니다. 그리고 자신감과 친근감, 신뢰감을 보여 줍니다. 얼굴에 웃음만큼 그들의 마음까지도 진실하고 밝다면 더할 나위 없이 좋겠지요.

웃음은 몸의 혈액순환에도, 인생의 혈액순환에도 큰 역할을 합니다. 웃는 얼굴은 상대방에게도 보기 좋을 뿐만 아니라 웃는 자신에게는 더욱더 좋습니다. 특히 건강에 좋습니다. 진심으로 기쁜 미소를 지읍시다. 웃는 얼굴에 침 못 뱉는다는 우리 속담도 있잖아요. 웃을 일이 있어야 웃지, 하며 반문하는 사람도 있겠지요. 하긴 그렇게 아기처럼 방실방실 웃고 살기에 우리 삶은 너무나 팍팍하고 불안합니다. 하지만 중요한 것은 웃을 일이 있어 웃는 것이 아니고 웃는 얼굴로 살면 웃을 일이 생긴다는 사실입니다. 일단 거울을 보고 양쪽 입꼬리를 올리고 웃어보세요. 우리 삶이 달라질 것입니다.

아삽의 시, 인도자를 따라 알다스헷에 맞춘 노래

1 하나님이여 우리가 주께 감사하고 감사함은 주의 이름이 가까움이라 사람들이 주의 기이한 일들을 전파하나이다

2 주의 말씀이 내가 정한 기약이 이르면 내가 바르게 심판하리니

3 땅의 기둥은 내가 세웠거니와 땅과 그 모든 주민이 소멸되리라 하시도다 (셀라)

4 내가 오만한 자들에게 오만하게 행하지 말라 하며 악인들에게 뿔을 들지 말라 하였노니

5 너희 뿔을 높이 들지 말며 교만한 목으로 말하지 말지어다

6 무릇 높이는 일이 동쪽에서나 서쪽에서 말미암지 아니하며 남쪽에서도 말미암지 아니하고

7 오직 재판장이신 하나님이 이를 낮추시고 저를 높이시느니라

8 여호와의 손에 잔이 있어 술 거품이 일어나는도다 속에 섞은 것이 가득한 그 잔을 하나님이 쏟아 내시나니 실로 그 찌꺼기까지도 땅의 모든 악인이 기울여 마시리로다

9 나는 야곱의 하나님을 영원히 선포하며 찬양하며

10 또 악인들의 뿔을 다 베고 의인의 뿔은 높이 들리로다

아삽의 시, 인도자를 따라 여두둔의 법칙에 따라 부르는 노래

1 내가 내 음성으로 하나님께 부르짖으리니 내 음성으로 하나님께 부르짖으면 내게 귀를 기울이시리로다

2 나의 환난 날에 내가 주를 찾았으며 밤에는 내 손을 들고 거두지 아니하였나니 내 영혼이 위로 받기를 거절하였도다

3 내가 하나님을 기억하고 불안하여 근심하니 내 심령이 상하도다 (셀라)

4 주께서 내가 눈을 붙이지 못하게 하시니 내가 괴로워 말할 수 없나이다

5 내가 옛날 곧 지나간 세월을 생각하였사오며

6 밤에 부른 노래를 내가 기억하여 내 심령으로, 내가 내 마음으로 간구하기를

7 주께서 영원히 버리실까, 다시는 은혜를 베풀지 아니하실까,

8 그의 인자하심은 영원히 끝났는가, 그의 약속하심도 영구히 폐하였는가,

9 하나님이 그가 베푸실 은혜를 잊으셨는가, 노하심으로 그가 베푸실 긍휼을 그치셨는가 하였나이다 (셀라)

10 또 내가 말하기를 이는 나의 잘못이라 지존자의 오른손의 해

11 곧 여호와의 일들을 기억하며 주께서 옛적에 행하신 기이한 일을 기억하리이다

12 또 주의 모든 일을 작은 소리로 읊조리며 주의 행사를 낮은 소리로 되뇌이리이다

13 하나님이여 주의 도는 극히 거룩하시오니 하나님과 같이 위대하신 신이 누구오니이까

14 주는 기이한 일을 행하신 하나님이시라 민족들 중에 주의 능력을 알리시고

15 주의 팔로 주의 백성 곧 야곱과 요셉의 자손을 속량하셨나이다 (셀라)

16 하나님이여 물들이 주를 보았나이다 물들이 주를 보고 두려워하며 깊음도 진동하였고

17 구름이 물을 쏟고 궁창이 소리를 내며 주의 화살도 날아갔나이다

18 회오리바람 중에 주의 우렛소리가 있으며 번개가 세계를 비추며 땅이 흔들리고 움직였나이다

19 주의 길이 바다에 있었고 주의 곧은 길이 큰 물에 있었으나 주의 발자취를 알 수 없었나이다

20 주의 백성을 양 떼 같이 모세와 아론의 손으로 인도하셨나이다

16일 ▶ 엄마

높은 혈압을 낮추기 위해 열심히 살을 빼려고 노력하시던 엄마가 웃으며 말씀하셨어요.

"수영을 열심히 했더니 체중이 3킬로나 빠졌다. 근데 이상하게 요새 소화가 잘 안 되네."

그게 췌장암일 줄이야. 믿을 수가 없었습니다. 몇 달 전에 엄마 배를 꾹꾹 눌러보며 별일 없을 거라며 소화제를 처방해 주었던 의사는 '3개월, 길어야 6개월 남았습니다'라고 청천벽력 같은 선고를 했습니다. 그날 엄마를 모시고 병원에 갔던 저는 너무 충격을 받아 병원 주차장에서 앞차를 들이받아 접촉 사고를 내고야 말았습니다.

갑자기 마음이 급해졌습니다. 엄마가 아직 하나님을 모르시는데 어쩌나. 예수 믿는 집으로 시집간다고 십자가 목걸이를 건네주셨던 엄마였지만, 어쭙잖은 나의 전도에 불편해하시고 부담스러워하셨습니다.

"나는 내가 알아서 한다."

그러시던 엄마가 떠밀리다시피, 그러나 순순히 병원 침상에서 세례를 받고 예수님을 영접하셨습니다. 엄마 병만 낫게 해주시면 엄마 손잡고 전국을 다니며 간증할 거라고, 하나님이 하셨다고 간증하며 다닐 거라고 하나님께 울며 소리치며 기도했습니다. 세상 태어나 가장 많이 말씀 읽고, 찬양하고, 기도했던 시간이었습니다. 그러나 엄마는 꼭 1년을 투병하시고 하늘의 부름을 받으셨습니다.

엄마 장례식날. 엄마 얼굴도 모르는 사람들이 엄마에게 와서 절을 합니다.

잘 봐, 엄마. 지난 10년 동안 내 딸이 핏덩이일 때부터 외할머니 손에 맡기고 밖으로 나다니며 섬기고 찾아 다니던 사람들이 이 분들이야. 어린 딸 가엾게 놔두고, 우리 엄마 힘들고 애타게 하며 힘든 짐 지워드리며 다니던 나야. 그래도 엄마는 '지역 사람들에게 잘해야 한다' 하며 내가 나태해질 때마다 부추겨 주셨잖아. 그 많은 사람이 지금 엄마 앞에 왔어요. 엄마, 절 받아요. 엄마 가시는 길에 꽃도 많고 사람도 많아 좋다. 엄마는 사진에서 곱게 웃고 있고.

엄마, 내 엄마, 잘 가요 엄마. 많이 고맙고 미안해요. 그리고 사랑해, 엄마.

엄마, 잘 살고 있지? 천국서 영원히 살았지?

살아 계신 하나님, 늦게라도 하나님께 구원받은 우리 엄마를 받아주세요. 품어 주세요. 하나님 품에서 영원히 죽지 않고, 아프지 않고, 아무것도 염려하지 않고 기쁘게 웃게 해 주세요. 부디 세상에선 알지 못하던 섬김과 평화와 기쁨과 사랑으로 축복받게 해주세요.

어머니를 땅에 묻고 왔습니다. 엄마 몸에서 태어난 2남 2녀는 30년 전 먼저 돌아가신 아버지의 유골과 함께 엄마를 고향 산에 고이 묻고 내려왔습니다. '이제 됐다' 하는 생각이 들었습니다. 오랫동안 홀로 네 자녀 키우느라 긴장의 끈을 늦추지 못한 어머니가 이제 모든 걸 내려놓고 아버지와 함께 묻혔습니다. 우리는 이제 되었다 하며 안도하였습니다.

벌써 20년 전 일이네요.

고라 자손의 시, 인도자를 따라 깃딧에 맞춘 노래

1 만군의 여호와여 주의 장막이 어찌 그리 사랑스러운지요

2 내 영혼이 여호와의 궁정을 사모하여 쇠약함이여 내 마음과 육체가 살아 계시는 하나님께 부르짖나이다

3 나의 왕, 나의 하나님, 만군의 여호와여 주의 제단에서 참새도 제 집을 얻고 제비도 새끼 둘 보금자리를 얻었나이다

4 주의 집에 사는 자들은 복이 있나니 그들이 항상 주를 찬송하리이다 (셀라)

5 주께 힘을 얻고 그 마음에 시온의 대로가 있는 자는 복이 있나이다

6 그들이 눈물 골짜기로 지나갈 때에 그 곳에 많은 샘이 있을 것이며 이른 비가 복을 채워 주나이다

7 그들은 힘을 얻고 더 얻어 나아가 시온에서 하나님 앞에 각기 나타나리이다

8 만군의 하나님 여호와여 내 기도를 들으소서 야곱의 하나님이여 귀를 기울이소서 (셀라)

9 우리 방패이신 하나님이여 주께서 기름 부으신 자의 얼굴을 살펴 보옵소서

10 주의 궁정에서의 한 날이 다른 곳에서의 천 날보다 나은즉 악인의 장막에 사는 것보다 내 하나님의 성전 문지기로 있는 것이 좋사오니

11 여호와 하나님은 해요 방패이시라 여호와께서 은혜와 영화를 주시며 정직하게 행하는 자에게 좋은 것을 아끼지 아니하실 것임이니이다

12 만군의 여호와여 주께 의지하는 자는 복이 있나이다

다윗의 기도

1 여호와여 나는 가난하고 궁핍하오니 주의 귀를 기울여 내게 응답하소서

2 나는 경건하오니 내 영혼을 보존하소서 내 주 하나님이여 주를 의지하는 종을 구원하소서

3 주여 내게 은혜를 베푸소서 내가 종일 주께 부르짖나이다

4 주여 내 영혼이 주를 우러러보오니 주여 내 영혼을 기쁘게 하소서

5 주는 선하사 사죄하기를 즐거워하시며 주께 부르짖는 자에게 인자함이 후하심이니이다

6 여호와여 나의 기도에 귀를 기울이시고 내가 간구하는 소리를 들으소서

7 나의 환난 날에 내가 주께 부르짖으리니 주께서 내게 응답하시리이다

8 주여 신들 중에 주와 같은 자 없사오며 주의 행하심과 같은 일도 없나이다

9 주여 주께서 지으신 모든 민족이 와서 주의 앞에 경배하며 주의 이름에 영광을 돌리리이다

10 무릇 주는 위대하사 기이한 일들을 행하시오니 주만이 하나님이시니이다

11 여호와여 주의 도를 내게 가르치소서 내가 주의 진리에 행하오리니 일심으로 주의 이름을 경외하게 하소서

12 주 나의 하나님이여 내가 전심으로 주를 찬송하고 영원토록 주의 이름에 영광을 돌리오리니

13 이는 내게 향하신 주의 인자하심이 크사 내 영혼을 깊은 스올에서 건지셨음이니이다

14 하나님이여 교만한 자들이 일어나 나를 치고 포악한 자의 무리가 내 영혼을 찾았사오며 자기 앞에 주를 두지 아니하였나이다

15 그러나 주여 주는 긍휼히 여기시며 은혜를 베푸시며 노하기를 더디 하시며 인자와 진실이 풍성하신 하나님이시오니

16 내게로 돌이키사 내게 은혜를 베푸소서 주의 종에게 힘을 주시고 주의 여종의 아들을 구원하소서

17 은총의 표적을 내게 보이소서 그러면 나를 미워하는 그들이 보고 부끄러워하오리니 여호와여 주는 나를 돕고 위로하시는 이시니이다

17일

오늘 할 일을 내일로 미루자

밤새 비가 무척 많이 내렸습니다. 폭우로 피해를 본 지역이 많아 마음이 편치 않습니다. 어젯밤 〈어! 성경이 읽어지네〉 수업이 11시에 끝나고 나서, 밀린 설거지하고 배송된 사과 물기를 제거해 냉장고에 넣으니 12시가 훌쩍 넘었습니다. 못난이 사과라도 맛은 있겠지 하며 주문했는데, 못나도 진짜 많이 못났습니다. 새벽에 배송된 수박은 종일 손질할 새가 없었는데, 밤에도 손질할 여력이 없습니다. 이때가 바로 저의 이상한 생활 모토가 적용될 때입니다. '오늘 할 일을 내일로 미루자.'

정말 피곤해 꼼짝할 수도 없는 순간이지만, 마지막 있는 힘껏 외국어 공부 어플로 프랑스어 공부를 하고 그냥 누웠습니다. 수박은 내일 손질해도 대세에 지장이 없을 것 같습니다.

오늘 할 일을 내일로 미루자! 간혹 이런 이상한 격문이나 장난스러운 삶의 모토가 도움이 되는 경우가 있습니다. 자신을 너무 밀어 붙이지 말고 자신의 한계를 너무 지나치지 말자. 피곤한 것을 멈추지 않고 과로해서 몸과 마음에 부담을 더하면 오히려 더 나쁜 결과를 가져온다고 생각했기 때문입니다.

영국에서 공부할 때였습니다. 논문 쓰기를 앞두고 하도 답답하고 엄두가 나지 않아 숨이 안 쉬어지는 날이 많았습니다. 그런 날은 큰 공원을 가로질러 마구 걷습니다. 달리기도 합니다. 저는 이 달리기를 '프롤레타리아 운동'이라고 부릅니다. 골프같이 큰돈 들어가는 운동이 아닌, 가난한 학생들을 위한 아주 효율적인 운동이기 때문이죠.

그러다 집에 돌아와 노란 메모지에 몇 가지 격문을 썼습니다. '무조건 베껴 써라.' '아무거나 베껴 써라.' 실제로 그렇게 할 수는 없었지만, 지치고 염려하는 자신을 위로하기에 충분했습니다. 그리고 혼잣말처럼 자신을 다독입니다.

"설거지, 그거 내일 하면 어때? 빨래도 내일 하기로 하자. 청소기 돌리는 것도 다음 날 해도 아무 문제가 없어. 설거지 안 했다고 경찰이 와서 잡아가지는 않아. 오늘 할 일을 내일로 미루자!"

하나님의 사람 모세의 기도

1 주여 주는 대대에 우리의 거처가 되셨나이다

2 산이 생기기 전, 땅과 세계도 주께서 조성하시기 전 곧 영원부터 영원까지 주는 하나님이시니이다

3 주께서 사람을 티끌로 돌아가게 하시고 말씀하시기를 너희 인생들은 돌아가라 하셨사오니

4 주의 목전에는 천 년이 지나간 어제 같으며 밤의 한 순간 같을 뿐임이니이다

5 주께서 그들을 홍수처럼 쓸어가시나이다 그들은 잠깐 자는 것 같으며 아침에 돋는 풀 같으니이다

6 풀은 아침에 꽃이 피어 자라다가 저녁에는 시들어 마르나이다

7 우리는 주의 노에 소멸되며 주의 분내심에 놀라나이다

8 주께서 우리의 죄악을 주의 앞에 놓으시며 우리의 은밀한 죄를 주의 얼굴 빛 가운데에 두셨사오니

9 우리의 모든 날이 주의 분노 중에 지나가며 우리의 평생이 순식간에 다하였나이다

10 우리의 연수가 칠십이요 강건하면 팔십이라도 그 연수의 자랑은 수고와 슬픔뿐이요 신속히 가니 우리가 날아가나이다

11 누가 주의 노여움의 능력을 알며 누가 주의 진노의 두려움을 알리이까

12 우리에게 우리 날 계수함을 가르치사 지혜로운 마음을 얻게 하소서

13 여호와여 돌아오소서 언제까지니이까 주의 종들을 불쌍히 여기소서

14 아침에 주의 인자하심이 우리를 만족하게 하사 우리를 일생 동안 즐겁고 기쁘게 하소서

15 우리를 괴롭게 하신 날수대로와 우리가 화를 당한 연수대로 우리를 기쁘게 하소서

16 주께서 행하신 일을 주의 종들에게 나타내시며 주의 영광을 그들의 자손에게 나타내소서

17 주 우리 하나님의 은총을 우리에게 내리게 하사 우리의 손이 행한 일을 우리에게 견고하게 하소서 우리의 손이 행한 일을 견고하게 하소서

제91편

1 지존자의 은밀한 곳에 거주하며 전능자의 그늘 아래에 사는 자여,

2 나는 여호와를 향하여 말하기를 그는 나의 피난처요 나의 요새요 내가 의뢰하는 하나님이라 하리니

3 이는 그가 너를 새 사냥꾼의 올무에서와 심한 전염병에서 건지실 것임이로다

4 그가 너를 그의 깃으로 덮으시리니 네가 그의 날개 아래에 피하리로다 그의 진실함은 방패와 손 방패가 되시나니

5 너는 밤에 찾아오는 공포와 낮에 날아드는 화살과

6 어두울 때 퍼지는 전염병과 밝을 때 닥쳐오는 재앙을 두려워하지 아니하리로다

7 천 명이 네 왼쪽에서, 만 명이 네 오른쪽에서 엎드러지나 이 재앙이 네게 가까이 하지 못하리로다

8 오직 너는 똑똑히 보리니 악인들의 보응을 네가 보리로다

9 네가 말하기를 여호와는 나의 피난처시라 하고 지존자를 너의 거처로 삼았으므로

10 화가 네게 미치지 못하며 재앙이 네 장막에 가까이 오지 못하리니

11 그가 너를 위하여 그의 천사들을 명령하사 네 모든 길에서 너를 지키게 하심이라

12 그들이 그들의 손으로 너를 붙들어 발이 돌에 부딪히지 아니하게 하리로다

13 네가 사자와 독사를 밟으며 젊은 사자와 뱀을 발로 누르리로다

14 하나님이 이르시되 그가 나를 사랑한즉 내가 그를 건지리라 그가 내 이름을 안즉 내가 그를 높이리라

15 그가 내게 간구하리니 내가 그에게 응답하리라 그들이 환난 당할 때에 내가 그와 함께 하여 그를 건지고 영화롭게 하리라

16 내가 그를 장수하게 함으로 그를 만족하게 하며 나의 구원을 그에게 보이리라 하시도다

18일 읽고, 듣고, 말하고, 쓰자

《기억하는 뇌, 망각하는 뇌》《퍼펙트 게스》를 쓴 뇌인지과학자 이인아 교수는 〈유 퀴즈 온 더 블럭〉이란 프로그램에 출연해, AI 시대를 맞은 인간의 뇌에 대한 흥미로운 이야기를 전했습니다.

우리 뇌의 중요한 기관인 '해마'는 살아있는 동안 끊임없이 학습하고 기록하는데, 이를 활용해 미래에 대한 판단 등을 위한 정보처리를 하는 역할을 맡고 있다고 합니다. 그런데 이 해마가 손상되면 새로운 사건이 벌어져도 기록이 안 되는 것이어서 치매나 알츠하이머 같은 증상이 생깁니다. 예를 들어 빌린 돈을 한 번 갚으면 그것이 기록되어 이제 빚을 갚았으니 더 이상 갚지 않아도 되는데, 해마가 손상된 사람은 돈 갚은 사실이 기록되지 않아 또 달라고 할 때마다 자꾸 돈을 주게 된다는 것입니다.

이인아 교수는 해마를 건강하게 하는 방법으로 '오늘의 기억을 꺼내 보며 기록하기, 일상적인 대화하기, 디테일한 부분을 기억하려고 노력하기'라 하며 해마를 '괴롭혀라'라고 주문했습니다.

흥미롭게도 이 교수는 뇌라는 공간을 정원 가꾸기에 비유합니다. AI 시대에 더 이상 인간의 설 자리가 남아 있지 않는 것 같은 불안이 있지만, 우리 각자가 이 뇌라는 공간에 무엇을 넣는지에 따라 나만의 독특한 방식으로 배치된 아름다운 정원을 만들 수가 있다는 겁니다. 세상에 단 하나뿐인 나만의 아름다운 정원, 자기만의 정원을 잘 가꾸라는 이야기죠. 참으로 안심이 되는 주문 아닌가요.

그러면 해마를 괴롭히는 방법은 무엇이 있을까요? 그 프로그램을 보며 내린 저의 결론은 바로 '읽고, 듣고, 말하고, 쓰자' 입니다.

노화와 치매 연구의 권위자 켄터키 대학 신경과학과 데이비드 스노든 교수는 노틀담 수녀들 678명을 대상으로 30년간 연구했습니다. 그 결과, 7~8시간의 충분한 수면, 건강한 식습관, 규칙적인 운동, 명상, 요가 같은 효과적인 스트레스 관리와 더불어 평생학습을 통한 인지 기능 유지가 치매 예방에 큰 도움이 되었다고 밝혔습니다.

삼성병원 정신건강의학과 전홍진 교수도 인지 기능을 유지하기 위해서는 젊었을 때부터 일기를 쓰고 어휘훈련을 하는 것이 뇌의 해마를 운동시키는 좋은 방법이라고 하였습니다. 또 새로운 단어를 자꾸 듣고 써 보는 어학 연습도 좋은 방법이 된다고 강조합니다. 좀 더 어려운 전문용어로 말하면, 뇌의 해마를 훈련 시키는 '해마 운동'을 했다는 말입니다.

〈성경읽는 신 권사〉라는 이름으로 성경 66권을 낭독한 저는 그 중 잠언과 시편이 각각 조회수 340만 회를 넘어서는 놀라운 기록을 보게 되었습니다. 이렇게 많은 분이 반복해서 듣고 계시는구나 하는 것을 알게 되었고, 듣는 것에 한 걸음 더 나아가 필사를 해 보시면 좋겠다는 생각이 들어 필사책을 내보려는 생각에 이르게 된 겁니다. 그리고 《잠언 읽고 잠언 쓰자》라는 책을 출간했고, 이번에 《시편 읽고 시편 쓰자》도 나오게 되었습니다.

많은 분이 이미 잠언 필사를 하고 계시다는 기쁜 소식을 전해 옵니다. 숨 가쁘게 이어지는 우리의 삶에 잠시라도 고요한 시간을 마련하고 가만히 앉아 지혜의 말씀을 따라 적어 보면 평안과 위로의 시간을 누릴 수 있습니다.

필사라고 해서 무조건 베껴 쓰는 것이 아니지요. 곰곰 생각하며 내용을 잘 음미하며 옮겨쓰는 게 중요합니다. 유명한 작가들은 자신의 습작 기간에 존경하는 선배 작가의 작품을 무한히 필사했다고 하지 않던가요. 솔로몬의 지혜의 말씀인 잠언을 옮겨 쓰다 보면 내 삶에 꼭 필요한 지혜의 말씀이 어느새 내 마음에 자리 잡고 있는 것을 느낄 수 있습니다.

오늘부터 당장 우리 뇌를 젊고 건강하게 유지하는 비법, 뇌의 해마를 괴롭히며 명징한 기억력으로 나만의 아름다운 정원을 가꾸어 가는 일을 시작해 보시기 바랍니다. 읽고, 듣고, 말하고, 쓰는 일을 정성껏 시작해 보시기 바랍니다. 잠언 읽고 잠언 쓰고, 이제 시편 읽고 시편을 쓸 차례입니다.

제102편

고난 당한 자가 마음이 상하여 그의 근심을 여호와 앞에 토로하는 기도

1 여호와여 내 기도를 들으시고 나의 부르짖음을 주께 상달하게 하소서

2 나의 괴로운 날에 주의 얼굴을 내게서 숨기지 마소서 주의 귀를 내게 기울이사 내가 부르짖는 날에 속히 내게 응답하소서

3 내 날이 연기 같이 소멸하며 내 뼈가 숯 같이 탔음이니이다

4 내가 음식 먹기도 잊었으므로 내 마음이 풀 같이 시들고 말라 버렸사오며

5 나의 탄식 소리로 말미암아 나의 살이 뼈에 붙었나이다

6 나는 광야의 올빼미 같고 황폐한 곳의 부엉이 같이 되었사오며

7 내가 밤을 새우니 지붕 위의 외로운 참새 같으니이다

8 내 원수들이 종일 나를 비방하며 내게 대항하여 미칠 듯이 날뛰는 자들이 나를 가리켜 맹세하나이다

9 나는 재를 양식 같이 먹으며 나는 눈물 섞인 물을 마셨나이다

10 주의 분노와 진노로 말미암음이라 주께서 나를 들어서 던지셨나이다

11 내 날이 기울어지는 그림자 같고 내가 풀의 시들어짐 같으니이다

12 여호와여 주는 영원히 계시고 주에 대한 기억은 대대에 이르리이다

13 주께서 일어나사 시온을 긍휼히 여기시리니 지금은 그에게 은혜를 베푸실 때라 정한 기한이 다가옴이니이다

14 주의 종들이 시온의 돌들을 즐거워하며 그의 티끌도 은혜를 받나이다

15 이에 뭇 나라가 여호와의 이름을 경외하며 이 땅의 모든 왕들이 주의 영광을 경외하리니

16 여호와께서 시온을 건설하시고 그의 영광 중에 나타나셨음이라

17 여호와께서 빈궁한 자의 기도를 돌아보시며 그들의 기도를 멸시하지 아니하셨도다

18 이 일이 장래 세대를 위하여 기록되리니 창조함을 받을 백성이 여호와를 찬양하리로다

19 여호와께서 그의 높은 성소에서 굽어보시며 하늘에서 땅을 살펴보셨으니

20 이는 갇힌 자의 탄식을 들으시며 죽이기로 정한 자를 해방하사

21 여호와의 이름을 시온에서, 그 영예를 예루살렘에서 선포하게 하려 하심이라

22 그 때에 민족들과 나라들이 함께 모여 여호와를 섬기리로다

23 그가 내 힘을 중도에 쇠약하게 하시며 내 날을 짧게 하셨도다

24 나의 말이 나의 하나님이여 나의 중년에 나를 데려가지 마옵소서 주의 연대는 대대에 무궁하니이다

25 주께서 옛적에 땅의 기초를 놓으셨사오며 하늘도 주의 손으로 지으신 바니이다

26 천지는 없어지려니와 주는 영존하시겠고 그것들은 다 옷 같이 낡으리니 의복 같이 바꾸시면 바뀌려니와

27 주는 한결같으시고 주의 연대는 무궁하리이다

28 주의 종들의 자손은 항상 안전히 거주하고 그의 후손은 주 앞에 굳게 서리이다 하였도다

19일 ▶ 명근 장학회: 가족 장학제도를 만들자

우리 집안에는 가족 장학제도가 있습니다. 친정어머니 이명근 여사가 돌아가신 후, 어머니의 이름을 딴 장학제도 '명근 장학회'가 바로 그것인데요, 이름은 거창하게 장학회이나 실상은 아주 소박하기 이를 데 없는 가족끼리의 제도입니다. 2남 2녀 우리 형제가 각각 형편껏 정해진 금액을 매달 적립합니다. 그리고 6개월마다 그 돈을 찾아 장학금이 필요한 조카들에게 나누어 전하는 것입니다. 어머니가 살아 계셨다면 새 학기를 맞거나 기쁜 일을 맞는 손자 손녀들에게 용돈이든 학비든 선물이든 주고 싶어 하셨을 거라고 생각하여 시작한 일입니다.

나의 어머니 이명근 여사는 2005년 췌장암으로 세상을 떠나셨습니다. 세상 물정이라고는 전혀 모르고 곱게 살림만 하던 여인이 서른아홉 나이에 남편을 여의고 억척스럽고 강인한 여인으로 새로 태어났습니다. 우리 2남 2녀를 반듯하게 키우신 자랑스러운 내 어머니입니다. 근검하고 절약하고 낭비할 줄 모르고 자신에게는 그렇게 철저했지만, 의로운 일에는 아낌없이 베풀 줄 아는 통 큰 여장부이셨지요. 작은 돈은 아끼셨지만, 큰돈은 아낌없이 쾌척하시는 분이었습니다. 어머니는 자녀 사랑이 남달랐습니다. 어머니가 남기신 정신적 유산을 생각하면 늘 아쉬운 빈자리가 크게 느껴져 가슴이 저립니다.

장학회 운영과 결정은 간단합니다. 학비가 가장 많이 드는 대학생이 가장 큰 수혜자가 되고 나머지 고등학생, 중학생들에게는 차례로 조금씩 나누어 전달합니다. 가족 모임 때 장학금을 받은 아이들은 가족들 앞에서 각자 감사의 마음을 발표합니다.

"존경하는 할머니를 다시 생각할 수 있어서 좋았습니다."

"이담에 커서 꼭 보답하겠습니다."

"제가 어른이 되면 도움이 필요한 사람에게 베풀 줄 아는 사람이 되겠습니다."

그리고 모두 둘러앉아 추억을 나눕니다. 각자 자신의 기억에 자리한 어머니와 할머니의 모습을 떠올리며 흐뭇한 미소를 짓기도 하고 박장대소를 하기도 합니다. 결국은 눈가에 맺히는 눈물을 닦으며 너무 일찍 떠난 어머니를 그리워하지요.

이제 공부하는 아이들이 다 커서 각자 직장을 잡았으니 더 이상 돈을 갹출하는 일을 그만해도 되지 않겠느냐는 의견도 나왔지만, 의논 끝에 우리는 이 제도를 계속 유지하기로 결정했습니다. 일단은 결혼한 다음 세대가 세 가정이나 되고 그 아기들이 곧 태어날 테니까요. 할머니를 만난 적은 없지만 그 아기들도 명근 할머니의 증손자로 혜택을 누려야 하지 않겠습니까?

그리고 지금은 작은 시작에 불과하지만, 이 아이들이 커서 사랑의 큰 빚을 기억하기를 바라서 이 제도를 유지하기로 했습니다. 그때가 되면 더 많은 장학금이 모일 것입니다. 그리고 그 수혜 대상은 우리 집 손자 손녀를 넘어 더 많은 아이들이 될 것입니다. 그들에게도 이명근 할머니의 사랑이 넘치게 전해질 날이 올 것입니다. 이것이야말로 생전에 그리하셨던 어머니의 뜻을 이어드리는 것이라 생각합니다. 이 사랑의 고리가 계속 이어지는 날을 소망으로 바라봅니다.

제103편

다윗의 시

1 내 영혼아 여호와를 송축하라 내 속에 있는 것들아 다 그의 거룩한 이름을 송축하라

2 내 영혼아 여호와를 송축하며 그의 모든 은택을 잊지 말지어다

3 그가 네 모든 죄악을 사하시며 네 모든 병을 고치시며

4 네 생명을 파멸에서 속량하시고 인자와 긍휼로 관을 씌우시며

5 좋은 것으로 네 소원을 만족하게 하사 네 청춘을 독수리 같이 새롭게 하시는도다

6 여호와께서 공의로운 일을 행하시며 억압 당하는 모든 자를 위하여 심판하시는도다

7 그의 행위를 모세에게, 그의 행사를 이스라엘 자손에게 알리셨도다

8 여호와는 긍휼이 많으시고 은혜로우시며 노하기를 더디 하시고 인자하심이 풍부하시도다

9 자주 경책하지 아니하시며 노를 영원히 품지 아니하시리로다

10 우리의 죄를 따라 우리를 처벌하지는 아니하시며 우리의 죄악을 따라 우리에게 그대로 갚지는 아니하셨으니

11 이는 하늘이 땅에서 높음 같이 그를 경외하는 자에게 그의 인자하심이 크심이로다

시편 읽고
시편 쓰자

12 동이 서에서 먼 것 같이 우리의 죄과를 우리에게서 멀리 옮기셨으며

13 아버지가 자식을 긍휼히 여김 같이 여호와께서는 자기를 경외하는 자를 긍휼히 여기시나니

14 이는 그가 우리의 체질을 아시며 우리가 단지 먼지뿐임을 기억하심이로다

15 인생은 그 날이 풀과 같으며 그 영화가 들의 꽃과 같도다

16 그것은 바람이 지나가면 없어지나니 그 있던 자리도 다시 알지 못하거니와

17 여호와의 인자하심은 자기를 경외하는 자에게 영원부터 영원까지 이르며 그의 의는 자손의 자손에게 이르리니

18 곧 그의 언약을 지키고 그의 법도를 기억하여 행하는 자에게로다

19 여호와께서 그의 보좌를 하늘에 세우시고 그의 왕권으로 만유를 다스리시도다

20 능력이 있어 여호와의 말씀을 행하며 그의 말씀의 소리를 듣는 여호와의 천사들이여 여호와를 송축하라

21 그에게 수종들며 그의 뜻을 행하는 모든 천군이여 여호와를 송축하라

22 여호와의 지으심을 받고 그가 다스리시는 모든 곳에 있는 너희여 여호와를 송축하라 내 영혼아 여호와를 송축하라

20일 ▸ 결혼의 조건

요즘 텔레비전 방송 중 데이팅(dating) 프로그램이 인기가 많습니다. 연애의 설렘을 대리로 느낄 수 있기도 하고 자신의 연애에 실패 없는 성공 팁을 얻기도 하니 시청자들의 관심을 끄나 봅니다. 남자, 여자 편을 나눠서 풍광 좋은 곳에서 생활하며 자신에게 맞는 사람을 탐색하는 이야기를 자세하게 보여주는 연애 리얼리티 프로그램인데요. 최근에 본 것은 처음 시작하는 사랑이 아니라 한 번 실패의 경험이 있는, 이른바 '돌싱' 이야기였습니다. 왜 사람들이 재미있어 할까? 여기서 무엇을 배우는가? 생각해 보았습니다.

놀라운 것 하나가 그들의 첫 번째 결혼 실패의 이유가 종교 문제였던 사람들이 꽤 있다는 겁니다. 결혼이 깨져 이혼할 때 그 종교가 이유였고, 다시 시작하려는 탐색기에도 그 종교 문제가 선택과 결정에 너무나 큰 부분을 차지하고 있었습니다. 사람도 좋고 그의 직장도 다 좋고 잘 맞는데 한 가지, 정말 싫어하는 그 종교를 믿고 있는 그 사람이 앞으로 함께 인생을 살아 나가기를 결정하는 데 커다란 장애가 되더라는 것이죠. 사람은 정말 마음에 드는 데 상대가 요구하는 종교가 대화의 벽이 되고, 자신이 가장 끔찍해 하는 트라우마가 되살아나기도 했습니다.

남녀가 만나 함께 하면 가장 좋은 것을 함께 누리고 싶어집니다. 맛있는 음식을 함께 먹고, 가 보고 싶은 곳으로 여행을 가고, 비슷한 취미생활을 즐기며 인생을 즐기며 나누고 싶어지는 겁니다. 그 방법이 억지로 입에 욱여넣는다든가 목을 비틀어 끌고 간다든가, 싫어하는 것을 억지로 함께 할 수는 없는 일 아니겠어요? 그래서 전도도 전략적으로 해야 하지 않을까 생각했습니다.

그래도 이 모든 걸 지혜롭게 해결하고 결혼에 이르는 경우가 있더라고요. 영자 씨와 광수 씨는 종교 빼고 다 좋으니 그들은 결혼합니다. 장거리 연애였으나 그것도 해결합니다. 더 많이 버는 쪽으로 주거지를 옮기는 전략으로 광수 씨가 사는 포항에 신혼살림을 차립니다. 나중에 더 많이 사랑하고 행복한 결혼생활을 누리다 보면 영자 씨 따라 광수 씨도 좋은 하나님을 만나는 복된 삶을 살 수 있지 않을까 생각해 보았답니다.

> 집과 재물은 조상에게서 상속하거니와 슬기로운 아내는 여호와께로서 말미암느니라
> 누가 현숙한 여인을 찾아 얻겠느냐 그의 값은 진주보다 더 하니라
> (잠언 19:14, 31:10)

1 여호와께 감사하라 그는 선하시며 그 인자하심이 영원함이로다

2 여호와의 속량을 받은 자들은 이같이 말할지어다 여호와께서 대적의 손에서 그들을 속량하사

3 동서 남북 각 지방에서부터 모으셨도다

4 그들이 광야 사막 길에서 방황하며 거주할 성읍을 찾지 못하고

5 주리고 목이 말라 그들의 영혼이 그들 안에서 피곤하였도다

6 이에 그들이 근심 중에 여호와께 부르짖으매 그들의 고통에서 건지시고

7 또 바른 길로 인도하사 거주할 성읍에 이르게 하셨도다

8 여호와의 인자하심과 인생에게 행하신 기적으로 말미암아 그를 찬송할지로다

9 그가 사모하는 영혼에게 만족을 주시며 주린 영혼에게 좋은 것으로 채워주심이로다

10 사람이 흑암과 사망의 그늘에 앉으며 곤고와 쇠사슬에 매임은

11 하나님의 말씀을 거역하며 지존자의 뜻을 멸시함이라

12 그러므로 그가 고통을 주어 그들의 마음을 겸손하게 하셨으니 그들이 엎드러져도 돕는 자가 없었도다

13 이에 그들이 그 환난 중에 여호와께 부르짖으매 그들의 고통에서 구원하시되

14 흑암과 사망의 그늘에서 인도하여 내시고 그들의 얽어 맨 줄을 끊으셨도다

15 여호와의 인자하심과 인생에게 행하신 기적으로 말미암아 그를 찬송할지로다

16 그가 놋문을 깨뜨리시며 쇠빗장을 꺾으셨음이로다

17 미련한 자들은 그들의 죄악의 길을 따르고 그들의 악을 범하기 때문에 고난을 받아

18 그들은 그들의 모든 음식물을 싫어하게 되어 사망의 문에 이르렀도다

19 이에 그들이 그들의 고통 때문에 여호와께 부르짖으매 그가 그들의 고통에서 그들을 구원하시되

20 그가 그의 말씀을 보내어 그들을 고치시고 위험한 지경에서 건지시는도다

21 여호와의 인자하심과 인생에게 행하신 기적으로 말미암아 그를 찬송할지로다

22 감사제를 드리며 노래하여 그가 행하신 일을 선포할지로다

23 배들을 바다에 띄우며 큰 물에서 일을 하는 자는

24 여호와께서 행하신 일들과 그의 기이한 일들을 깊은 바다에서 보나니

25 여호와께서 명령하신즉 광풍이 일어나 바다 물결을 일으키는도다

26 그들이 하늘로 솟구쳤다가 깊은 곳으로 내려가나니 그 위험 때문에 그들의 영혼이 녹는도다

27 그들이 이리저리 구르며 취한 자 같이 비틀거리니 그들의 모든 지각이 혼돈 속에 빠지는도다

28 이에 그들이 그들의 고통 때문에 여호와께 부르짖으매 그가 그들의 고통에서 그들을 인도하여 내시고

29 광풍을 고요하게 하사 물결도 잔잔하게 하시는도다

30 그들이 평온함으로 말미암아 기뻐하는 중에 여호와께서 그들이 바라는 항구로 인도하시는도다

31 여호와의 인자하심과 인생에게 행하신 기적으로 말미암아 그를 찬송할지로다

32 백성의 모임에서 그를 높이며 장로들의 자리에서 그를 찬송할지로다

33 여호와께서는 강이 변하여 광야가 되게 하시며 샘이 변하여 마른 땅이 되게 하시며

34 그 주민의 악으로 말미암아 옥토가 변하여 염전이 되게 하시며

35 또 광야가 변하여 못이 되게 하시며 마른 땅이 변하여 샘물이 되게 하시고

36 주린 자들로 거기에 살게 하사 그들이 거주할 성읍을 준비하게 하시고

37 밭에 파종하며 포도원을 재배하여 풍성한 소출을 거두게 하시며

38 또 복을 주사 그들이 크게 번성하게 하시고 그의 가축이 감소하지 아니하게 하실지라도

39 다시 압박과 재난과 우환을 통하여 그들의 수를 줄이시며 낮추시는도다

40 여호와께서 고관들에게는 능욕을 쏟아 부으시고 길 없는 황야에서 유리하게 하시나

41 궁핍한 자는 그의 고통으로부터 건져 주시고 그의 가족을 양 떼 같이 지켜 주시나니

42 정직한 자는 보고 기뻐하며 모든 사악한 자는 자기 입을 봉하리로다

43 지혜 있는 자들은 이러한 일들을 지켜 보고 여호와의 인자하심을 깨달으리로다

21일 ▸ 빈 배

성경에는 놀라운 기적들이 많이 일어납니다. 오늘날 그걸 내 것으로 해서 마음껏 기적의 주인공이 되는 사람이 있는가 하면, 그저 바라만 보는 사람도 있습니다.

세상의 왕으로 등극하실 줄 알고 의기양양하게 예루살렘으로 행진해 들어갔던 예수님의 제자들은 그들의 지도자 예수가 십자가에 못 박혀 피 흘려 죽으시는 모습을 황망히 바라볼 수밖에 없었습니다. 그들은 그 허전함을 이기지 못하고 예전에 하던 대로 생계를 위해 디베랴 호수에서 고기를 잡습니다. 밤새 그물질을 했으나 배는 텅텅 비어있고 날은 서서히 밝아지고 있었습니다. 그때 부활하신 예수님이 그들 앞에 서십니다.

"그물을 배 오른편에 던지라 그리하면 잡으리라."

평생 어부였던 그들은 자신들의 전문지식에 따르면 그쪽은 고기가 없는 곳이라 생각했을 수도 있습니다. 그러나 예수님의 말씀대로 따르니 물고기가 그물 가득 잡혔습니다. 세어보니 153마리였고 그물이 찢어지지 않았습니다. 부활하신 예수님은 떡과 구운 생선을 주어 고단한 제자들에게 아침을 먹이셨고, 비로소 제자들은 죽도록 사명 감당하는 진정한 제자가 됩니다(요한복음 21장).

놀라운 믿음이지요? 이 기막힌 순간을 감탄만 하지 않고, 그들이 만들어 내는 상품 이름 끝에 153 숫자를 쓴 볼펜 회사가 있습니다. 우리나라 사람들이 가장 많이 사용하는 볼펜 중에 하나인 모나미 153입니다. 창업주 송삼석 회장은 '153'은 예수님의 말씀을 믿고 의지하여 따르면 많은 성과를 올릴 수 있다는 것을 의미하는 상징적인 숫자였다고 밝히며 '하나님은 내게 153이란 숫자를 통해 기업인이 일생을 통해 반드시 지켜야 할 상도를 일깨워 주셨다'라고 회고합니다.

주님, 밤새 수고하고 노력하였으나 빈 배로 울고 있는 사람이 너무 많습니다. 불쌍히 여겨주시고, 저희에게도 명령하여 주시옵소서. 믿음을 가지고 말씀에 순종하고 싶습니다. 저희도 그물이 꽉 차도록 고기를 잡고 싶습니다.

어느 쪽으로 그물을 던질까요? 주님, 말씀만 하시옵소서.

주님, 빈 배가 넘치도록 고기를 잡고 싶습니다.

말씀만 하여 주시옵소서.

다윗의 시

1 여호와께서 내 주에게 말씀하시기를 내가 네 원수들로 네 발판이 되게 하기까지 너는 내 오른쪽에 앉아 있으라 하셨도다

2 여호와께서 시온에서부터 주의 권능의 규를 내보내시리니 주는 원수들 중에서 다스리소서

3 주의 권능의 날에 주의 백성이 거룩한 옷을 입고 즐거이 헌신하니 새벽 이슬 같은 주의 청년들이 주께 나오는도다

4 여호와는 맹세하고 변하지 아니하시리라 이르시기를 너는 멜기세덱의 서열을 따라 영원한 제사장이라 하셨도다

5 주의 오른쪽에 계신 주께서 그의 노하시는 날에 왕들을 쳐서 깨뜨리실 것이라

6 뭇 나라를 심판하여 시체로 가득하게 하시고 여러 나라의 머리를 쳐서 깨뜨리시며

7 길 가의 시냇물을 마시므로 그의 머리를 드시리로다

1 할렐루야, 여호와의 종들아 찬양하라 여호와의 이름을 찬양하라
2 이제부터 영원까지 여호와의 이름을 찬송할지로다
3 해 돋는 데에서부터 해 지는 데에까지 여호와의 이름이 찬양을 받으시리로다
4 여호와는 모든 나라보다 높으시며 그의 영광은 하늘보다 높으시도다
5 여호와 우리 하나님과 같은 이가 누구리요 높은 곳에 앉으셨으나
6 스스로 낮추사 천지를 살피시고
7 가난한 자를 먼지 더미에서 일으키시며 궁핍한 자를 거름 더미에서 들어 세워
8 지도자들 곧 그의 백성의 지도자들과 함께 세우시며
9 또 임신하지 못하던 여자를 집에 살게 하사 자녀들을 즐겁게 하는 어머니가 되게 하시는도다 할렐루야

제118편

1 여호와께 감사하라 그는 선하시며 그의 인자하심이 영원함이로다

2 이제 이스라엘은 말하기를 그의 인자하심이 영원하다 할지로다

3 이제 아론의 집은 말하기를 그의 인자하심이 영원하다 할지로다

4 이제 여호와를 경외하는 자는 말하기를 그의 인자하심이 영원하다 할지로다

5 내가 고통 중에 여호와께 부르짖었더니 여호와께서 응답하시고 나를 넓은 곳에 세우셨도다

6 여호와는 내 편이시라 내가 두려워하지 아니하리니 사람이 내게 어찌할까

7 여호와께서 내 편이 되사 나를 돕는 자들 중에 계시니 그러므로 나를 미워하는 자들에게 보응하시는 것을 내가 보리로다

8 여호와께 피하는 것이 사람을 신뢰하는 것보다 나으며

9 여호와께 피하는 것이 고관들을 신뢰하는 것보다 낫도다

10 뭇 나라가 나를 에워쌌으니 내가 여호와의 이름으로 그들을 끊으리로다

11 그들이 나를 에워싸고 에워쌌으니 내가 여호와의 이름으로 그들을 끊으리로다

12 그들이 벌들처럼 나를 에워쌌으나 가시덤불의 불 같이 타 없어졌나니 내가 여호와의 이름으로 그들을 끊으리로다

13 너는 나를 밀쳐 넘어뜨리려 하였으나 여호와께서는 나를 도우셨도다

14 여호와는 나의 능력과 찬송이시요 또 나의 구원이 되셨도다

15 의인들의 장막에는 기쁜 소리, 구원의 소리가 있음이여 여호와의 오른손이 권능을 베푸시며

16 여호와의 오른손이 높이 들렸으며 여호와의 오른손이 권능을 베푸시는도다

17 내가 죽지 않고 살아서 여호와께서 하시는 일을 선포하리로다

18 여호와께서 나를 심히 경책하셨어도 죽음에는 넘기지 아니하셨도다

19 내게 의의 문들을 열지어다 내가 그리로 들어가서 여호와께 감사하리로다

20 이는 여호와의 문이라 의인들이 그리로 들어가리로다

시편 읽고
시편 쓰자

22일 ▶ 위로의
찬양

고난의 골짜기, 시련의 강을 건너고 있을 때였습니다. 더 이상 앞으로도 뒤로도 나아갈 길이 보이지 않아 인간이 할 수 있는 방법은 아무것도 없다고 느끼던 어느 저녁, 딸이 해주는 피아노 반주에 두 시간 동안 목이 쉬도록 찬양했습니다.

그날 밤, 꿈을 꾸었어요. 어떤 중요한 사람이 우리를 찾는데, 주변 사람들이 막아서며 자꾸 그 사람을 보이지 않게 가립니다. 구조의 신호처럼 손을 흔들며 소리쳐봅니다.

"우리, 여기 있어요!"

아무리 소리쳐도 소리가 저쪽까지 가닿지를 않습니다. 안타깝고 서러운 마음으로 발을 구르고 있을 때, 저기 어디선가 천사의 찬양 소리가 들렸습니다. 반주 없는 아카펠라로 부르는 노래는 느리지만 평화롭고 고귀한 선율이었습니다. 초라하게 오그라든 심장을 펴고, 쪼그라진 마음을 펴고, 굽은 허리를 쭉 폈습니다. 당당하게 턱을 치켜 들고 위를 쳐다보았습니다.

아침에 잠이 깨어서도 여전히 생생한 그 꿈을 기억하며 딸에게 물었어요.

"그거 있잖아, 도미미레 도레도라솔도…. 그거 찬송가 몇 장이지?"

가사도 확실치 않고 멜로디만 기억나는 곳을 조각조각 불러 맞추며 두 사람은 드디어 찾았습니다. 365장, 〈마음속에 근심 있는 사람〉 찬양이었습니다.

마음속에 근심 있는 사람 주 예수 앞에 다 아뢰어라
슬픈 마음 있을 때에라도 주 예수께 아뢰라
주 예수 앞에 다 아뢰어라 주 우리의 친구니
무엇이나 근심하지 말고 주 예수께 아뢰라

가사를 확인하며 정말 놀랐습니다. 꿈에 찾아오신 하나님께서 제게 주신 위로의 찬양이었습니다.

눈물나며 깊은 한숨 쉴 때 주 예수 앞에 다 아뢰어라
은밀한 죄 네게 있더라도 주 예수께 아뢰라

보통 교회에선 박수치며 빠른 속도로 힘차게 부르는 찬양인데 이렇게 천사의 목소리로 들려주시다니요.

괴로움과 두려움 있을 때 주 예수앞에 다 아뢰어라

내일 일을 염려하지 말고 주 예수께 아뢰라

하나님, 감사합니다. 이렇게 조바심 내고 풀 죽어 있는 제게 이리도 큰 위로의 찬양을 주시다니요.

죽음 앞에 겁을 내는 자여 주 예수 앞에 다 아뢰어라
하늘나라 바라보는 자여 주 예수께 아뢰라

'사랑하는 내 딸아, 마음에 근심하지 말아라. 내가 네 처지를 다 안다. 내일 일을 위하여 염려하지 말아라. 내가 여기 있지 않느냐.'

하나님 감사합니다. 주님의 응답이었습니다.

공중의 새를 보라 심지도 않고 거두지도 않고 창고에 모아 들이지도 아니하되 너희 하늘 아버지께서 기르시나니 너희는 이것들보다 귀하지 아니하냐
그런즉 너희는 먼저 그의 나라와 그의 의를 구하라 그리하면 이 모든 것을 너희에게 더하시리라 그러므로 내일 일을 위하여 염려하지 말라 내일 일은 내일이 염려할 것이요 한 날의 괴로움은 그 날로 족하니라
(마태복음 6:26, 33~34)

아멘.

21 주께서 내게 응답하시고 나의 구원이 되셨으니 내가 주께 감사하리이다

22 건축자가 버린 돌이 집 모퉁이의 머릿돌이 되었나니

23 이는 여호와께서 행하신 것이요 우리 눈에 기이한 바로다

24 이 날은 여호와께서 정하신 것이라 이 날에 우리가 즐거워하고 기뻐하리로다

25 여호와여 구하옵나니 이제 구원하소서 여호와여 우리가 구하옵나니 이제 형통하게 하소서

26 여호와의 이름으로 오는 자가 복이 있음이여 우리가 여호와의 집에서 너희를 축복하였도다

27 여호와는 하나님이시라 그가 우리에게 빛을 비추셨으니 밧줄로 절기 제물을 제단 뿔에 맬지어다

28 주는 나의 하나님이시라 내가 주께 감사하리이다 주는 나의 하나님이시라 내가 주를 높이리이다

29 여호와께 감사하라 그는 선하시며 그의 인자하심이 영원함이로다

1 행위가 온전하여 여호와의 율법을 따라 행하는 자들은 복이 있음이여
2 여호와의 증거들을 지키고 전심으로 여호와를 구하는 자는 복이 있도다
3 참으로 그들은 불의를 행하지 아니하고 주의 도를 행하는도다
4 주께서 명령하사 주의 법도를 잘 지키게 하셨나이다
5 내 길을 굳게 정하사 주의 율례를 지키게 하소서
6 내가 주의 모든 계명에 주의할 때에는 부끄럽지 아니하리이다
7 내가 주의 의로운 판단을 배울 때에는 정직한 마음으로 주께 감사하리이다
8 내가 주의 율례들을 지키오리니 나를 아주 버리지 마옵소서
9 청년이 무엇으로 그의 행실을 깨끗하게 하리이까 주의 말씀만 지킬 따름이니이다
10 내가 전심으로 주를 찾았사오니 주의 계명에서 떠나지 말게 하소서
11 내가 주께 범죄하지 아니하려 하여 주의 말씀을 내 마음에 두었나이다
12 찬송을 받으실 주 여호와여 주의 율례들을 내게 가르치소서
13 주의 입의 모든 규례들을 나의 입술로 선포하였으며
14 내가 모든 재물을 즐거워함 같이 주의 증거들의 도를 즐거워하였나이다

15 내가 주의 법도들을 작은 소리로 읊조리며 주의 길들에 주의하며

16 주의 율례들을 즐거워하며 주의 말씀을 잊지 아니하리이다

17 주의 종을 후대하여 살게 하소서 그리하시면 주의 말씀을 지키리이다

18 내 눈을 열어서 주의 율법에서 놀라운 것을 보게 하소서

19 나는 땅에서 나그네가 되었사오니 주의 계명들을 내게 숨기지 마소서

20 주의 규례들을 항상 사모함으로 내 마음이 상하나이다

21 교만하여 저주를 받으며 주의 계명들에서 떠나는 자들을 주께서 꾸짖으셨나이다

22 내가 주의 교훈들을 지켰사오니 비방과 멸시를 내게서 떠나게 하소서

23 고관들도 앉아서 나를 비방하였사오나 주의 종은 주의 율례들을 작은 소리로 읊조렸나이다

24 주의 증거들은 나의 즐거움이요 나의 충고자니이다

25 내 영혼이 진토에 붙었사오니 주의 말씀대로 나를 살아나게 하소서

26 내가 나의 행위를 아뢰매 주께서 내게 응답하셨사오니 주의 율례들을 내게 가르치소서

27 나에게 주의 법도들의 길을 깨닫게 하여 주소서 그리하시면 내가 주의 기이한 일들을 작은 소리로 읊조리리이다

23일 억울하고 서러울 때

시편은 고상한 시어들일까요? 아름답고 은혜받는 구절들만 있을까요? 아니요. 그렇지 않습니다. 시편에는 증오와 복수의 표현들도 있어요. 아주 많아요.

누구나 처음일 때가 있지요. 교회도, 성경도, 기도도. 처음 교회 갔을 때 기도하는 방법도 모르고, 그저 성경은 거룩하고 은혜로운 말씀으로 가득한 줄로만 생각합니다. 교회 다니는 사람은 모두 거룩하고 경건한 사람들인 줄 아는 것과 마찬가지로요.

저는 처음 다윗의 시편을 보고 놀랐습니다. 물론 은혜롭고 고상한 시어들이 가득한 문학작품인 것은 맞지만요. 어린애가 밖에서 매 맞고 들어와 부모님께 고자질하고 앙갚음해달라고 하소연하듯, 울분과 억울함을 마구 쏟아냅니다. '하나님, 쟤네들 보세요. 내 원수들, 혼 좀 내주세요. 이건 너무 불공평하잖아요!'라고 울며 떼쓰는 목소리가 곳곳에서 들렸습니다.

그런데 처음엔 참 어색했던 그 구절이 위로가 되었습니다. 내가 너무나 힘든 상황에 있을 때, 내 손으로 어떻게 나쁜 행동이라도 하고 싶을 정도로 억울하고 속상하고 분노하고 용서할 수 없을 때, 분수처럼 억울함을 다 쏟아내면 하나님은 자애로운 부모님처럼 미소 지으며 그걸 다 받아주시는 거예요. '그래, 어린애처럼 떼써라, 내가 다 갚아줄게' 하시는 것 같았습니다.

제가 고난의 한가운데를 지날 때 가장 은혜받은 말씀은 시편 118편이었습니다. 내가 죽지 않고 살아서 여호와의 행사를 선포하겠다고, 지금은 아무도 나를 알아주지 않는 길가에 버린 돌 같지만, 우리 하나님이 어느 땐가는 모퉁이 머릿돌로 사용하시는 날이 반드시 올 것이라고 위안을 삼았습니다.

C.S. 루이스는 《시편 사색》에서 시편은 "마치 용광로에서 나오는 뜨거운 열기처럼 무시무시한 증오심을 우리 얼굴을 향해 뿜어낸다"라고 표현합니다. 그 가운데 최악의 것은 109편이라며 자신의 원수가 다른 악인의 다스림을 받게 해 달라고, 사탄이 그의 오른쪽에 서게 해 달라고 애원하는 것을 예로 듭니다. 복수와 저주를 말하는 시편, 최악의 악담을 퍼붓는 시편, 억울하게 음해를 받았을 때 이 세상 어느 누구도 들어주지 않는 말을 여호와 하나님께서 다 들어주시고 큰 품으로 다 보듬어 주시는 시편입니다.

다윗은 자신을 죽이려고 쫓아다니는 사울 왕을 처치할 수 있는 기회를 두 번 만났으나, 그냥 살려 둡니다. 하나님이 기름 부어 왕위에 올린 자를 자기 손으로 죽일 수는 없다고 생각했기 때문입니다.

하나님은 우리에게 원수 갚는 방법을 알려주시는 게 아닙니다. 원수 갚음은 전능자인 당신이 친히 하십니다.

꺼내고 토해 내십시오. 시편 기자들처럼 입에 올리기 어려운 저주와 악담이라도 다 쏟아놓고, 끝없이 자애로우신 하나님 품에 안겨 한없이 우세요. 그가 들어주십니다. 그가 위로해 주십니다. 그가 원수 갚음해 주십니다.

28 나의 영혼이 눌림으로 말미암아 녹사오니 주의 말씀대로 나를 세우소서

29 거짓 행위를 내게서 떠나게 하시고 주의 법을 내게 은혜로이 베푸소서

30 내가 성실한 길을 택하고 주의 규례들을 내 앞에 두었나이다

31 내가 주의 증거들에 매달렸사오니 여호와여 내가 수치를 당하지 말게 하소서

32 주께서 내 마음을 넓히시면 내가 주의 계명들의 길로 달려가리이다

33 여호와여 주의 율례들의 도를 내게 가르치소서 내가 끝까지 지키리이다

34 나로 하여금 깨닫게 하여 주소서 내가 주의 법을 준행하며 전심으로 지키리이다

35 나로 하여금 주의 계명들의 길로 행하게 하소서 내가 이를 즐거워함이니이다

36 내 마음을 주의 증거들에게 향하게 하시고 탐욕으로 향하지 말게 하소서

37 내 눈을 돌이켜 허탄한 것을 보지 말게 하시고 주의 길에서 나를 살아나게 하소서

38 주를 경외하게 하는 주의 말씀을 주의 종에게 세우소서

39 내가 두려워하는 비방을 내게서 떠나게 하소서 주의 규례들은 선하심이니이다

40 내가 주의 법도들을 사모하였사오니 주의 의로 나를 살아나게 하소서

41 여호와여 주의 말씀대로 주의 인자하심과 주의 구원을 내게 임하게 하소서

42 그리하시면 내가 나를 비방하는 자들에게 대답할 말이 있사오리니 내가 주의 말씀을 의지함이니이다

43 진리의 말씀이 내 입에서 조금도 떠나지 말게 하소서 내가 주의 규례를 바랐음이니이다

44 내가 주의 율법을 항상 지키리이다 영원히 지키리이다

45 내가 주의 법도들을 구하였사오니 자유롭게 걸어갈 것이오며

46 또 왕들 앞에서 주의 교훈들을 말할 때에 수치를 당하지 아니하겠사오며

47 내가 사랑하는 주의 계명들을 스스로 즐거워하며

48 또 내가 사랑하는 주의 계명들을 향하여 내 손을 들고 주의 율례들을 작은 소리로 읊조리리이다

24일 ▸ 주님 말씀만 하시옵소서

"너의 믿음이 너를 구원하였다." "너 같은 믿음은 본 적이 없다."

신약 성경 사복음서에는 주님으로부터 이런 칭찬을 받은 사람들이 있습니다. 그 중에 제가 참 좋아하는 감동적인 장면이 바로 백부장의 믿음이 나오는 부분입니다. 마태복음 8장 8절, 누가복음 7장 7절. 외우기도 쉽지요?

백부장은 당시 군사 100명을 책임지는 군대 대장이었습니다. 그의 하인이 중풍병으로 몹시 괴로워하니 고쳐 달라고 예수님께 간구합니다. 예수님께서 흔쾌히 "가자, 내 고쳐 주리라" 하셨을 때, 그의 대답이 놀랍습니다.

> 백부장이 대답하여 이르되 주여 내 집에 들어오심을 나는 감당하지 못하겠사오니 다만 말씀으로만 하옵소서 그러면 내 하인이 낫겠사옵나이다
>
> (마태복음 8:8)

그의 논리에 따르면, 자기도 남의 수하에 있는 사람이고, 자기 아래에도 군사가 있는데 이들에게 가라 하면 가고 오라 하면 오고, 종더러 명령하면 뭐든지 그대로 한다는 것입니다. 그러니 직접 오시면 감당키 어려우니 계신 곳에서 명령만 하시라는 것이지요.

예수님은 "이스라엘 중 아무에게서도 이만한 믿음을 보지 못하였노라" 하고 칭찬하시며 "가라, 네 믿은 대로 될지어다" 하시니 그 즉시 백부장 하인의 병이 씻은 듯이 나았습니다.

왜 우리는 그게 안 될까요? 안 믿는 사람들에게 해결해야 할 문제나 어려움이 생겼을 때, '기도할게, 기도할 것 부탁해'라고 말하면 이렇게 대답합니다.

"됐어…. 너네 하나님 참 바쁘시겠다. 미국에도 가시고, 제주도에도 가시고, 서울에도 오셔야 하니…."

웃으며 말하지만 비아냥이지요. 하나님이 그저 우리 수준인 줄 알고 하는 말입니다. 전지전능하신 하나님은 그 정도가 아니신데 말이죠. 작은 물웅덩이에 빠져 죽겠다고 허우적거리는 개미 한 마리가 있다고 가정해 볼까요? 우리 인간의 눈으로 내려다보면 참 우습지요. 맘만 먹으면 그저 손가락 하나로 슬쩍 건져 올리면 그 개미는 기적 같은 일이 일어났다고 하겠지요. 커다란 바다에 빠져 죽을 상황이었는데, 풍랑을 잠재우고 나를 건져 살려 주셨다고 개미네 동네방네 큰소리로 알리지 않겠습니까?

주님, 말씀만 하시옵소서.

49 주의 종에게 하신 말씀을 기억하소서 주께서 내게 소망을 가지게 하셨나이다

50 이 말씀은 나의 고난 중의 위로라 주의 말씀이 나를 살리셨기 때문이니이다

51 교만한 자들이 나를 심히 조롱하였어도 나는 주의 법을 떠나지 아니하였나이다

52 여호와여 주의 옛 규례들을 내가 기억하고 스스로 위로하였나이다

53 주의 율법을 버린 악인들로 말미암아 내가 맹렬한 분노에 사로잡혔나이다

54 내가 나그네 된 집에서 주의 율례들이 나의 노래가 되었나이다

55 여호와여 내가 밤에 주의 이름을 기억하고 주의 법을 지켰나이다

56 내 소유는 이것이니 곧 주의 법도들을 지킨 것이니이다

57 여호와는 나의 분깃이시니 나는 주의 말씀을 지키리라 하였나이다

58 내가 전심으로 주께 간구하였사오니 주의 말씀대로 내게 은혜를 베푸소서

59 내가 내 행위를 생각하고 주의 증거들을 향하여 내 발길을 돌이켰사오며

60 주의 계명들을 지키기에 신속히 하고 지체하지 아니하였나이다

61 악인들의 줄이 내게 두루 얽혔을지라도 나는 주의 법을 잊지 아니하였나이다

62 내가 주의 의로운 규례들로 말미암아 밤중에 일어나 주께 감사하리이다

63 나는 주를 경외하는 모든 자들과 주의 법도들을 지키는 자들의 친구라

64 여호와여 주의 인자하심이 땅에 충만하였사오니 주의 율례들로 나를 가르치소서

65 여호와여 주의 말씀대로 주의 종을 선대하셨나이다

66 내가 주의 계명들을 믿었사오니 좋은 명철과 지식을 내게 가르치소서

67 고난 당하기 전에는 내가 그릇 행하였더니 이제는 주의 말씀을 지키나이다

68 주는 선하사 선을 행하시오니 주의 율례들로 나를 가르치소서

69 교만한 자들이 거짓을 지어 나를 치려 하였사오나 나는 전심으로 주의 법도들을 지키리이다

70 그들의 마음은 살져서 기름덩이 같으나 나는 주의 법을 즐거워하나이다

71 고난 당한 것이 내게 유익이라 이로 말미암아 내가 주의 율례들을 배우게 되었나이다

72 주의 입의 법이 내게는 천천 금은보다 좋으니이다

시편 읽고

시편 쓰자

73 주의 손이 나를 만들고 세우셨사오니 내가 깨달아 주의 계명들을 배우게 하소서

74 주를 경외하는 자들이 나를 보고 기뻐하는 것은 내가 주의 말씀을 바라는 까닭이니이다

75 여호와여 내가 알거니와 주의 심판은 의로우시고 주께서 나를 괴롭게 하심은 성실하심 때문이니이다

76 구하오니 주의 종에게 하신 말씀대로 주의 인자하심이 나의 위안이 되게 하시며

77 주의 긍휼히 여기심이 내게 임하사 내가 살게 하소서 주의 법은 나의 즐거움이니이다

78 교만한 자들이 거짓으로 나를 엎드러뜨렸으니 그들이 수치를 당하게 하소서 나는 주의 법도들을 작은 소리로 읊조리리이다

79 주를 경외하는 자들이 내게 돌아오게 하소서 그리하시면 그들이 주의 증거들을 알리이다

80 내 마음으로 주의 율례들에 완전하게 하사 내가 수치를 당하지 아니하게 하소서

25일 책상 이야기

가로 194cm 세로 80cm 높이 75cm.

저의 서재 한가운데를 차지하고 있는 책상의 크기입니다. 작은 방에 어울리지 않게 큰 책상이라 거의 방 전체를 차지하고 있습니다. 이 책상은 결혼 초 연립주택 생활을 청산하고 개인 주택으로 이사 가며 리모델링을 할 때 제 부탁에 따라 남편이 만들어 준 가구 중 하나입니다.

결혼 전 저의 꿈은 방에 커다란 책상을 두고 남편과 마주 앉아 책도 보고 글도 쓰고 다정하게 이야기도 하는 것이었습니다. 남편은 그 소원을 들어주기 위해 미술대학 다니는 학생들에게 특별 주문해 가구 제작을 했습니다. 메이플나무 색으로 책상, 책장, 붙박이 장식장, 테이블을 만들었습니다. 정사각형으로 된 크고 나지막한 테이블은 몇 번 이사를 거치며 작별할 수밖에 없었고, 붙박이로 만들었던 바닥부터 천장까지 닿는 책장도 그 집에서 이사 나올 때 포기할 수밖에 없었습니다.

하지만 이 책상만은 포기하지 못하고 작은 집으로 이사올 때도 데려왔습니다. 방이 작으니 책상이 방안을 거의 다 차지합니다. 남은 공간은 겨우 의자를 놓을 정도만 되고, 사람은 책상 옆으로 모로 걸어가야 합니다. 그래도 책상이 워낙 크다 보니 용도가 아주 다양합니다. 데스크톱 컴퓨터가 놓여있고, 성경책 두 권이 독서대에 놓여 상주합니다. 그중 독서대 하나는 딸이 초등학교 5학년 때 영어 말하기 대회 나가서 기념품으로 받아온 것이라 20년이 다 되어 갑니다. 나무로 만든 줄 알았는데 나무 색깔의 종이를 입힌 것이라 이젠 그 종이가 벗겨지고 말려 올라가 보기가 좀 안 좋습니다만, 제겐 너무나 소중한 추억의 물건입니다.

책상의 한쪽은 줌으로 온라인 성경 공부하는 〈어! 성경이 읽어지네〉 선생님 자리, 노트북을 치우면 책 읽는 자리, 다시 노트북을 놓으면 글 쓰는 아마추어 작가님 자리가 됩니다. 또 책상의 한 쪽은 고성능 녹음기와 마이크를 설치해 놓아 〈성경읽는 신권사〉를 녹음하는 스튜디오 역할을 합니다.

아침엔 노트북을 치우고 모닝 페이지 3페이지를 손으로 쓰며 내 안의 어린 창조자를 만납니다. 그리고 《잠언 읽고 잠언 쓰자》 필사를 하며 지혜와 명철을 길어 올립니다. 이 책상은 매일 성경 10장을 읽으며 하나님을 만나는 곳이며 나의 기도하는 골방입니다.

오래되어 낡고 흠도 많지만 소중한 추억이 서려 있는 책상이라 아마도 앞으로도 더 오래 함께 할 것 같습니다.

81 나의 영혼이 주의 구원을 사모하기에 피곤하오나 나는 주의 말씀을 바라나이다

82 나의 말이 주께서 언제나 나를 안위하실까 하면서 내 눈이 주의 말씀을 바라기에 피곤하니이다

83 내가 연기 속의 가죽 부대 같이 되었으나 주의 율례들을 잊지 아니하나이다

84 주의 종의 날이 얼마나 되나이까 나를 핍박하는 자들을 주께서 언제나 심판하시리이까

85 주의 법을 따르지 아니하는 교만한 자들이 나를 해하려고 웅덩이를 팠나이다

86 주의 모든 계명들은 신실하니이다 그들이 이유 없이 나를 핍박하오니 나를 도우소서

87 그들이 나를 세상에서 거의 멸하였으나 나는 주의 법도들을 버리지 아니하였사오니

88 주의 인자하심을 따라 나를 살아나게 하소서 그리하시면 주의 입의 교훈들을 내가 지키리이다

89 여호와여 주의 말씀은 영원히 하늘에 굳게 섰사오며

90 주의 성실하심은 대대에 이르나이다 주께서 땅을 세우셨으므로 땅이 항상 있사오니

91 천지가 주의 규례들대로 오늘까지 있음은 만물이 주의 종이 된 까닭이니이다

92 주의 법이 나의 즐거움이 되지 아니하였더면 내가 내 고난 중에 멸망하였으리이다

93 내가 주의 법도들을 영원히 잊지 아니하오니 주께서 이것들 때문에 나를 살게 하심이니이다

94 나는 주의 것이오니 나를 구원하소서 내가 주의 법도들만을 찾았나이다

95 악인들이 나를 멸하려고 엿보오나 나는 주의 증거들만을 생각하겠나이다

96 내가 보니 모든 완전한 것이 다 끝이 있어도 주의 계명들은 심히 넓으니이다

97 내가 주의 법을 어찌 그리 사랑하는지요 내가 그것을 종일 작은 소리로 읊조리나이다

98 주의 계명들이 항상 나와 함께 하므로 그것들이 나를 원수보다 지혜롭게 하나이다

99 내가 주의 증거들을 늘 읊조리므로 나의 명철함이 나의 모든 스승보다 나으며

100 주의 법도들을 지키므로 나의 명철함이 노인보다 나으니이다

101 내가 주의 말씀을 지키려고 발을 금하여 모든 악한 길로 가지 아니하였사오며

102 주께서 나를 가르치셨으므로 내가 주의 규례들에서 떠나지 아니하였나이다

103 주의 말씀의 맛이 내게 어찌 그리 단지요 내 입에 꿀보다 더 다니이다

104 주의 법도들로 말미암아 내가 명철하게 되었으므로 모든 거짓 행위를 미워하나이다

105 주의 말씀은 내 발에 등이요 내 길에 빛이니이다

106 주의 의로운 규례들을 지키기로 맹세하고 굳게 정하였나이다

107 나의 고난이 매우 심하오니 여호와여 주의 말씀대로 나를 살아나게 하소서

108 여호와여 구하오니 내 입이 드리는 자원제물을 받으시고 주의 공의를 내게 가르치소서

109 나의 생명이 항상 위기에 있사오나 나는 주의 법을 잊지 아니하나이다

110 악인들이 나를 해하려고 올무를 놓았사오나 나는 주의 법도들에서 떠나지 아니하였나이다

시편 읽고
시편 쓰자

26일 항복하면 행복합니다

신앙생활을 착실히 하시는 분 가운데에서도 간혹 헌금할 때 솔직히 마음이 편안치 않을 때가 있다고 하십니다. 특히 십일조는 신실한 신자가 꼭 지켜야 하는 규범이자 덕목인데요. 자기 수입의 십분의 일, 10%를 헌금으로 드리는 것입니다. 형편이 어려운 사람은 적은 액수라 해도 없는 중에 꽤 아쉬운 돈일 테고, 수입이 많은 사람은 그 큰 돈의 10%이니 액수가 꽤 커지게 되는 겁니다. 교회마다 좀 다르겠지만 헌금 바구니가 돌아가며 부르는 찬양이 있습니다.

내게 있는 모든 것을 아낌없이 드리네
사랑하고 의지하며 주만 따라 살리라
주께 드리네 주께 드리네
사랑하는 구주 앞에 모두 드리네

그래서 우스개 소리로 이런 생각을 하는 분도 계십니다.

"주님, 어떻게 다 드려요? 저도 좀 써야지요. 요즘 돈 나가야 하는 곳이 얼마나 많은지 몰라요."

말라기 3장 10절은 이렇게 말합니다.

> 만군의 여호와가 이르노라 너희의 온전한 십일조를 창고에 들여 나의 집에 양식이 있게 하고 그것으로 나를 시험하여 내가 하늘 문을 열고 너희에게 복을 쌓을 곳이 없도록 붓지 아니하나 보라

미국 시카고에 살던 콤 케인이라는 사람이 이 말씀에 반발이 생겨 신문에 크게 광고를 냈습니다. '십일조 바친 사람 중에 십일조를 바쳐도 하나님이 복을 내리지 않는다는 증거를 대는 사람이 있다면 큰 보상을 하겠다.' 그랬더니 만여 통의 편지가 왔답니다. 그런데 모든 내용이 다 온전히 십일조를 낼 때 큰 복을 받았다고, 심지어 잠시 쉰 적이 있었는데 그때 경제적 어려움이 더했다는 내용이었다고 합니다.

이에 관해서는 학자들 간에도 여전히 이견이 있긴 하지만, 저는 어느 날 이 찬양의 영어 가사를 보고 깜짝 놀랐습니다. 10%만 드리는 게 아니라 '내게 있는 모든 것을 다 드린다'는 겁니다. 돈도, 재능도, 시간도, 열정도, 내게 있는 모든 것 다 드린다는 것입니다. 아낌없이, 겸손하게, 주를 위해 바친다는 것입니다.

'Surrender' 한다는 것입니다. 항복하는 것입니다. 내 인생의 주체가 나인 줄 알고 살았는데, 주인 되시는 하나님이 인도하신다는 것을 알고 두 손 반짝 드는 것입니다. 왜냐하면 내가 가진 이 모든 것은 주님이 허락하여 내게 주신 것이니까요.

All to Jesus I surrender, All to Himt I freely give;

I will ever love and trust Him, In His presence daily live.

I surrender all I surrender all

All to Thee, my blessed Saviour, I surrender all.

Amen.

111 주의 증거들로 내가 영원히 나의 기업을 삼았사오니 이는 내 마음의 즐거움이 됨이니이다

112 내가 주의 율례들을 영원히 행하려고 내 마음을 기울였나이다

113 내가 두 마음 품는 자들을 미워하고 주의 법을 사랑하나이다

114 주는 나의 은신처요 방패시라 내가 주의 말씀을 바라나이다

115 너희 행악자들이여 나를 떠날지어다 나는 내 하나님의 계명들을 지키리로다

116 주의 말씀대로 나를 붙들어 살게 하시고 내 소망이 부끄럽지 않게 하소서

117 나를 붙드소서 그리하시면 내가 구원을 얻고 주의 율례들에 항상 주의하리이다

118 주의 율례들에서 떠나는 자는 주께서 다 멸시하셨으니 그들의 속임수는 허무함이니이다

119 주께서 세상의 모든 악인들을 찌꺼기 같이 버리시니 그러므로 내가 주의 증거들을 사랑하나이다

120 내 육체가 주를 두려워함으로 떨며 내가 또 주의 심판을 두려워하나이다

121 내가 정의와 공의를 행하였사오니 나를 박해하는 자들에게 나를 넘기지 마옵소서

122 주의 종을 보증하사 복을 얻게 하시고 교만한 자들이 나를 박해하지 못하게 하소서

123 내 눈이 주의 구원과 주의 의로운 말씀을 사모하기에 피곤하니이다

124 주의 인자하심대로 주의 종에게 행하사 내게 주의 율례들을 가르치소서

125 나는 주의 종이오니 나를 깨닫게 하사 주의 증거들을 알게 하소서

126 그들이 주의 법을 폐하였사오니 지금은 여호와께서 일하실 때니이다

127 그러므로 내가 주의 계명들을 금 곧 순금보다 더 사랑하나이다

128 그러므로 내가 범사에 모든 주의 법도들을 바르게 여기고 모든 거짓 행위를 미워하나이다

129 주의 증거들은 놀라우므로 내 영혼이 이를 지키나이다

130 주의 말씀을 열면 빛이 비치어 우둔한 사람들을 깨닫게 하나이다

131 내가 주의 계명들을 사모하므로 내가 입을 열고 헐떡였나이다

132 주의 이름을 사랑하는 자들에게 베푸시던 대로 내게 돌이키사 내게 은혜를 베푸소서

133 나의 발걸음을 주의 말씀에 굳게 세우시고 어떤 죄악도 나를 주관하지 못하게 하소서

134 사람의 박해에서 나를 구원하소서 그리하시면 내가 주의 법도들을 지키리이다

135 주의 얼굴을 주의 종에게 비추시고 주의 율례로 나를 가르치소서

136 그들이 주의 법을 지키지 아니하므로 내 눈물이 시냇물 같이 흐르나이다

137 여호와여 주는 의로우시고 주의 판단은 옳으니이다

138 주께서 명령하신 증거들은 의롭고 지극히 성실하니이다

139 내 대적들이 주의 말씀을 잊어버렸으므로 내 열정이 나를 삼켰나이다

140 주의 말씀이 심히 순수하므로 주의 종이 이를 사랑하나이다

141 내가 미천하여 멸시를 당하나 주의 법도를 잊지 아니하였나이다

142 주의 의는 영원한 의요 주의 율법은 진리로소이다

143 환난과 우환이 내게 미쳤으나 주의 계명은 나의 즐거움이니이다

144 주의 증거들은 영원히 의로우시니 나로 하여금 깨닫게 하사 살게 하소서

27일

말할 때 걱정할 필요가 없습니다

헨리 나우엔이 고백하기를, 자신은 하나님에 대한 생각을 하기보다 하나님에 대하여 무슨 말을 할까에 대해 더 많이 걱정한다고 했습니다. 우리도 마찬가지입니다. 말을 잘해서 그것으로 직업을 삼고 있는 사람일수록 말에 대해 더 많이 걱정하고 염려합니다. 어떻게 하면 말을 더 잘할까? 어떤 말을 해야 대중과 시청자와 독자들로부터 좋은 반응을 얻을까? 늘 노심초사입니다.

그런데 말에 대한 걱정을 할 필요가 없다고 성경에 쓰여 있습니다. 왜냐하면 하나님께서 우리의 입에 말을 넣어주시기 때문입니다. 예수님은 제자들에게 말씀하셨습니다.

> 어떻게 또는 무엇을 말할까 염려하지 말라 그 때에 너희에게 할 말을 주시리니 말하는 이는 너희가 아니라 너희 속에서 말씀하시는 이 곧 너희 아버지의 성령이시니라
> (마태복음 10:19~20)

나만 혼자 손톱을 깨물며 초조해하는 줄 알았는데, 성경 속에는 말을 못해 걱정한 사람이 꽤 여럿 등장합니다. 하나님은 말 잘하는 사람을 골라 일을 맡기신 것이 아니라 일할 사람을 골라 그 입에 할 말을 넣어주셨습니다. 우리의 착각과 오해가 거기에 있었던 것입니다.

하나님은 모세를 부르시고 능력 주시며 애굽 땅에서 노예로 붙잡혀 있는 이스라엘 백성을 구해오라고 명령하셨지만, 모세는 말하는 것이 두려운 사람이었습니다. '저는 말을 잘 못합니다. 입이 뻣뻣하고 혀가 둔한 자입니다' 하며 손사래를 치는 모세에게 하나님께서는 '내가 네 입과 함께 있어서 할 말을 가르치리라' 하고 설득하시며 말 잘하는 그의 형 아론을 붙여주십니다.

여호와의 말씀이 선지자 예레미야에게 임할 때 그 역시 두려워했습니다.(렘 1:4~10) 그러나 여호와께서는 그 손을 친히 내밀어 예레미야의 입에 대시며 "보라 내가 내 말을 네 입에 두었노라(렘 1:9)" 하셨습니다. 놀라운 일이지요.

예수님의 제자들도 처음부터 말재간이 있었던 사람은 아무도 없었습니다. 물고기를 잡다가, 세금을 걷다가 얼떨결에 불려 왔으니까요. 이리 가운데 양을 보내는 심정으로 예수님은 제자들을 보내며 말씀하십니다.

> 너희를 넘겨줄 때에 어떻게 또는 무엇을 말할까 염려하지 말라 그 때에 너희에게 할 말을 주시리니 말하는 이는 너

희가 아니라 너희 속에서 말씀하시는 이 곧 너희 아버지의 성령이시니라

(마태복음 10:19~20)

사도 바울은 글을 쓸 땐 그 논리를 따를 자가 없었는지 몰라도 말할 땐 놀림감이 될 정도로 말이 어눌한 사람이었나 봅니다. 사람들은 뒤에서 쑥덕거리며 흉을 보았고 그 소리가 바울의 귀에까지 들어왔습니다. "그들의 말이 그의 편지들은 무게가 있고 힘이 있으나 그가 몸으로 대할 때는 약하고 그 말도 시원하지 않다 하니(고후 10:10)"라고 털어 놓았습니다. 그는 인정하지요. "내가 비록 말에는 부족하나 지식에는 그렇지 아니하니(고후 11:6)"라고요.

자기 힘만 믿고 일하려다 보면 말 못하는 자신에게 자신이 없습니다. 자신의 힘으로 노력해야만 말 잘하는 사람이 되는 줄 알고 있기 때문입니다. 그러나 하나님은 일관되게 말씀하십니다. 내가 다 가르쳐줄 테니 너는 그냥 말만 하여라, 말씀하시는 분은 바로 '입술의 열매를 창조하는 자 여호와(사 57:19)'이시기 때문이라고요. 사명이 있으면 하나님께서 그 입에 할 말을 넣어주시고 가르쳐 주십니다. 말할 때 너무 걱정하지 마십시오.

145 여호와여 내가 전심으로 부르짖었사오니 내게 응답하소서 내가 주의 교훈들을 지키리이다

146 내가 주께 부르짖었사오니 나를 구원하소서 내가 주의 증거들을 지키리이다

147 내가 날이 밝기 전에 부르짖으며 주의 말씀을 바랐사오며

148 주의 말씀을 조용히 읊조리려고 내가 새벽녘에 눈을 떴나이다

149 주의 인자하심을 따라 내 소리를 들으소서 여호와여 주의 규례들을 따라 나를 살리소서

150 악을 따르는 자들이 가까이 왔사오니 그들은 주의 법에서 머니이다

151 여호와여 주께서 가까이 계시오니 주의 모든 계명들은 진리니이다

152 내가 전부터 주의 증거들을 알고 있었으므로 주께서 영원히 세우신 것인 줄을 알았나이다

153 나의 고난을 보시고 나를 건지소서 내가 주의 율법을 잊지 아니함이니이다

154 주께서 나를 변호하시고 나를 구하사 주의 말씀대로 나를 살리소서

155 구원이 악인들에게서 멀어짐은 그들이 주의 율례들을 구하지 아니함이니이다

156 여호와여 주의 긍휼이 많으오니 주의 규례들에 따라 나를 살리소서
157 나를 핍박하는 자들과 나의 대적들이 많으나 나는 주의 증거들에서 떠나지 아니하였나이다
158 주의 말씀을 지키지 아니하는 거짓된 자들을 내가 보고 슬퍼하였나이다
159 내가 주의 법도들을 사랑함을 보옵소서 여호와여 주의 인자하심을 따라 나를 살리소서
160 주의 말씀의 강령은 진리이오니 주의 의로운 모든 규례들은 영원하리이다
161 고관들이 거짓으로 나를 핍박하오나 나의 마음은 주의 말씀만 경외하나이다
162 사람이 많은 탈취물을 얻은 것처럼 나는 주의 말씀을 즐거워하나이다
163 나는 거짓을 미워하며 싫어하고 주의 율법을 사랑하나이다
164 주의 의로운 규례들로 말미암아 내가 하루 일곱 번씩 주를 찬양하나이다
165 주의 법을 사랑하는 자에게는 큰 평안이 있으니 그들에게 장애물이 없으리이다
166 여호와여 내가 주의 구원을 바라며 주의 계명들을 행하였나이다
167 내 영혼이 주의 증거들을 지켰사오며 내가 이를 지극히 사랑하나이다

168 내가 주의 법도들과 증거들을 지켰사오니 나의 모든 행위가 주 앞에 있음이니이다

169 여호와여 나의 부르짖음이 주의 앞에 이르게 하시고 주의 말씀대로 나를 깨닫게 하소서

170 나의 간구가 주의 앞에 이르게 하시고 주의 말씀대로 나를 건지소서

171 주께서 율례를 내게 가르치시므로 내 입술이 주를 찬양하리이다

172 주의 모든 계명들이 의로우므로 내 혀가 주의 말씀을 노래하리이다

173 내가 주의 법도들을 택하였사오니 주의 손이 항상 나의 도움이 되게 하소서

174 여호와여 내가 주의 구원을 사모하였사오며 주의 율법을 즐거워하나이다

175 내 영혼을 살게 하소서 그리하시면 주를 찬송하리이다 주의 규례들이 나를 돕게 하소서

176 잃은 양 같이 내가 방황하오니 주의 종을 찾으소서 내가 주의 계명들을 잊지 아니함이니이다

28일 선악과는 왜?

하나님은 왜 에덴동산에 선악과를 만드셔서 아담과 하와를 시험에 들게 하셨을까? 애초부터 선악과가 없었다면 뱀도 유혹하지 않았을 것이고, 하와도 그 유혹에 넘어가지 않았을 것이고, 아담도 갈등하지 않았을 것 아닌가?

하긴 이것도 교회 다니지 않는 사람들은 쉽사리 하는 질문이지만, 오랫동안 믿음 생활해 온 장로님이나 권사님, 모태 신앙인들은 어디 가서 이런 걸 물어볼 수도 없어 참 딱한 노릇입니다. 그러나 이런 질문은 참 좋은 질문입니다. 왜냐하면 여기가 바로 '생장점'이기 때문이죠. 식물이 자라려면 줄기에 매듭 같은 생장점이 있고, 그곳을 뚫고 나와야 새로운 줄기가 뻗어나갈 수 있기 때문입니다. 여기가 해결이 안 되면 영적인 콜레스테롤이 쌓여 영혼이 답답하기 짝이 없습니다.

결론을 말하자면 선악과는 하나님이 우리를 시험하시려고 두신 게 아니라 축복의 명령이 그 시작이었다는 것입니다.

《어? 성경이 읽어지네!》에는 재미있는 금붕어 예화가 나옵니다. 저에게 이 금붕어 예화는 하나님의 사랑을 바로 알게 한 신비로운 경험이었습니다. 어항을 사 왔습니다. 물을 가득 담은 비닐봉지에 금붕어 두 마리도 담아 왔구요. 어항을 꾸며요. 사랑하는 자녀의 신혼살림 꾸미듯이. 모래와 자갈도 깔고 산소를 뿜어내는 기구도 설치하고, 수초도 넣고요. 어제 미리 받아놓았던 수돗물도 담습니다. 이제 플러그를 꽂고, 뽀글뽀글 산소 방울이 나오고 물레방아가 빙빙 돌아가기 시작합니다.

한 손으로 비닐봉지 밑을 받치고, 한 손으로는 가위를 가지고 입구를 자르려는 찰나입니다. 주인은 어떤 마음으로 금붕어를 어항에 넣을까요? '예쁜 우리 금붕어들아, 내가 너희들이 살 집을 아주 예쁘게 꾸며 놓았단다. 여기서 재미있게 놀고, 맛있는 먹이도 줄 테니 마음껏 먹고 자알 살아라. 새끼도 많이 낳고…' 하며 축복의 마음이 가득하지 않을까요?

하나님도 마찬가지셨습니다. '여기 에덴에서 행복하게 사랑하며 살아라. 여기 있는 모든 식물과 과일도 너희를 위해 준비했으니 마음껏 먹고, 자녀들도 많이 낳고…' 하며 축복하셨을 겁니다.

한 사람 아담을 지으시고 그 갈비뼈를 취해 하와를 만드셨는데, 모든 만물을 다스리라고 그 권위를 맡겨주셨는데, 하나님이 선악과를 두고 그들을 시험하셨을까요? '이 선악과를 따먹으면 죽여 버릴 거야'라고 협박하셨을까요? 절대 아니지요.

마음껏 사랑하며 살아라. 그런데 이 모든 걸 만들어 준 존재는

나 아버지 하나님이란다. 그건 알지? 잊지 마, 내가 너희를 이렇게 사랑한다는 걸. 아… 그런데 그걸 무얼로 약속한다? 그렇지. 여기 있는 선악과를 따먹지 않는 걸로 우리 약속을 하면 어떨까?

선악과는 축복의 명령이었고, 선악과를 따지 않는다는 것은 단지 영수증 같은 것이었습니다. 그냥 사랑과 순종의 증표 같은 것, 단지 먹는 문제였고, 그러나 늘… 지켜야 하는 것이었습니다. 먹는 것은 생명과 직결된 것이었으니까요.

그런데 사탄은 그 사이를 틈타 인간을 유혹합니다. 이걸 먹어봐. 이걸 먹으면 눈이 밝아져 하나님 같이 되어 선과 악을 구별하게 되는 거야, 절대로 죽지 않아 하고 꼬드깁니다. 어리석은 인간은 그 유혹에 넘어가 버린 것입니다.

저에게 이 금붕어 예화는 하나님의 사랑을 바로 알게 한 신비로운 경험이었습니다.

성전에 올라가는 노래

1 내가 산을 향하여 눈을 들리라 나의 도움이 어디서 올까

2 나의 도움은 천지를 지으신 여호와에게서로다

3 여호와께서 너를 실족하지 아니하게 하시며 너를 지키시는 이가 졸지 아니하시리로다

4 이스라엘을 지키시는 이는 졸지도 아니하시고 주무시지도 아니하시리로다

5 여호와는 너를 지키시는 이시라 여호와께서 네 오른쪽에서 네 그늘이 되시나니

6 낮의 해가 너를 상하게 하지 아니하며 밤의 달도 너를 해치지 아니하리로다

7 여호와께서 너를 지켜 모든 환난을 면하게 하시며 또 네 영혼을 지키시리로다

8 여호와께서 너의 출입을 지금부터 영원까지 지키시리로다

시편 읽고
시편 쓰자

성전에 올라가는 노래

1 여호와께서 시온의 포로를 돌려 보내실 때에 우리는 꿈꾸는 것 같았도다

2 그 때에 우리 입에는 웃음이 가득하고 우리 혀에는 찬양이 찼었도다 그 때에 뭇 나라 가운데에서 말하기를 여호와께서 그들을 위하여 큰 일을 행하셨다 하였도다

3 여호와께서 우리를 위하여 큰 일을 행하셨으니 우리는 기쁘도다

4 여호와여 우리의 포로를 남방 시내들 같이 돌려 보내소서

5 눈물을 흘리며 씨를 뿌리는 자는 기쁨으로 거두리로다

6 울며 씨를 뿌리러 나가는 자는 반드시 기쁨으로 그 곡식 단을 가지고 돌아오리로다

솔로몬의 시 곧 성전에 올라가는 노래

1 여호와께서 집을 세우지 아니하시면 세우는 자의 수고가 헛되며 여호와께서 성을 지키지 아니하시면 파수꾼의 깨어 있음이 헛되도다

2 너희가 일찍이 일어나고 늦게 누우며 수고의 떡을 먹음이 헛되도다 그러므로 여호와께서 그의 사랑하시는 자에게는 잠을 주시는도다

3 보라 자식들은 여호와의 기업이요 태의 열매는 그의 상급이로다

4 젊은 자의 자식은 장사의 수중의 화살 같으니

5 이것이 그의 화살통에 가득한 자는 복되도다 그들이 성문에서 그들의 원수와 담판할 때에 수치를 당하지 아니하리로다

성전에 올라가는 노래

1 여호와를 경외하며 그의 길을 걷는 자마다 복이 있도다

2 네가 네 손이 수고한 대로 먹을 것이라 네가 복되고 형통하리로다

3 네 집 안방에 있는 네 아내는 결실한 포도나무 같으며 네 식탁에 둘러 앉은 자식들은 어린 감람나무 같으리로다

4 여호와를 경외하는 자는 이같이 복을 얻으리로다

5 여호와께서 시온에서 네게 복을 주실지어다 너는 평생에 예루살렘의 번영을 보며

6 네 자식의 자식을 볼지어다 이스라엘에게 평강이 있을지로다

29일 ▸ 음해를 당하고 조롱당할 때

어떤 사람도 살아가면서 어려움을 피할 수는 없겠지만, 그중에서도 큰 어려움 중 하나는 내가 저지르지 않은 일에 대해 음해를 당하고 오해를 받고 비방을 당하며 조롱을 당하는 것입니다. 사람의 말에는 무서운 힘이 있어 사람을 죽이기도, 살리기도 합니다. 무심코 연못에 던진 돌멩이 하나가 개구리 한 마리의 목숨을 앗아갈 수도 있습니다. 그 미물의 어린 개구리도 어느 어미 개구리의 사랑하는 귀한 아기였을 텐데 말입니다. 그 고난 가운데 저를 지켜주신 말씀은 시편 118편의 말씀이었습니다.

> 내가 죽지 않고 살아서 여호와께서 하시는 일을 선포하리로다
> 건축자의 버린 돌이 집 모퉁이의 머릿돌이 되었나니
> (시편 118:17, 22)

결국 저는 하루하루 말씀으로 그 기간을 버텨낼 수 있었고, 고난이 나의 키를 더하고 뿌리를 깊게 하며 나의 영혼을 하나님이 원하시는 모습으로 아름답게 새긴다는 것을 알게 되었습니다.

오해와 비방의 말을 듣고 억울한 사람은 이렇게 해 보시면 어떨까요? '나는 바위다'라고 생각해 보는 겁니다. 커다란 바위 앞에 누가 와서 아무리 나쁜 말을 쏟아내어도 바위는 까딱없습니다. 의연하고 담담하게 요동하지 않고 버팁니다.

손님을 대접하려 내놓은 음식을 손님이 먹지 않으면 남겨진 음식은 주인이 먹어야 합니다. 남을 해치고 상처를 주는 말도 결국은 그 말을 뱉은 자신에게 돌아간다는 것을 명심하시길 바랍니다.

1 여호와께 감사하라 그는 선하시며 그 인자하심이 영원함이로다

2 신들 중에 뛰어난 하나님께 감사하라 그 인자하심이 영원함이로다

3 주들 중에 뛰어난 주께 감사하라 그 인자하심이 영원함이로다

4 홀로 큰 기이한 일들을 행하시는 이에게 감사하라 그 인자하심이 영원함이로다

5 지혜로 하늘을 지으신 이에게 감사하라 그 인자하심이 영원함이로다

6 땅을 물 위에 펴신 이에게 감사하라 그 인자하심이 영원함이로다

7 큰 빛들을 지으신 이에게 감사하라 그 인자하심이 영원함이로다

8 해로 낮을 주관하게 하신 이에게 감사하라 그 인자하심이 영원함이로다

9 달과 별들로 밤을 주관하게 하신 이에게 감사하라 그 인자하심이 영원함이로다

10 애굽의 장자를 치신 이에게 감사하라 그 인자하심이 영원함이로다

11 이스라엘을 그들 중에서 인도하여 내신 이에게 감사하라 그 인자하심이 영원함이로다

12 강한 손과 펴신 팔로 인도하여 내신 이에게 감사하라 그 인자하심이 영원함이로다

13 홍해를 가르신 이에게 감사하라 그 인자하심이 영원함이로다

14 이스라엘을 그 가운데로 통과하게 하신 이에게 감사하라 그 인자하심이 영원함이로다

15 바로와 그의 군대를 홍해에 엎드러뜨리신 이에게 감사하라 그 인자하심이 영원함이로다

16 그의 백성을 인도하여 광야를 통과하게 하신 이에게 감사하라 그 인자하심이 영원함이로다

17 큰 왕들을 치신 이에게 감사하라 그 인자하심이 영원함이로다

18 유명한 왕들을 죽이신 이에게 감사하라 그 인자하심이 영원함이로다

19 아모리인의 왕 시혼을 죽이신 이에게 감사하라 그 인자하심이 영원함이로다

20 바산 왕 옥을 죽이신 이에게 감사하라 그 인자하심이 영원함이로다

21 그들의 땅을 기업으로 주신 이에게 감사하라 그 인자하심이 영원함이로다

22 곧 그 종 이스라엘에게 기업으로 주신 이에게 감사하라 그 인자하심이 영원함이로다

23 우리를 비천한 가운데에서도 기억해 주신 이에게 감사하라 그 인자하심이 영원함이로다

24 우리를 우리의 대적에게서 건지신 이에게 감사하라 그 인자하심이 영원함이로다

25 모든 육체에게 먹을 것을 주신 이에게 감사하라 그 인자하심이 영원함이로다

26 하늘의 하나님께 감사하라 그 인자하심이 영원함이로다

시편 읽고
시편 쓰자

다윗의 시

1 여호와여 내가 주를 불렀사오니 속히 내게 오시옵소서 내가 주께 부르짖을 때에 내 음성에 귀를 기울이소서

2 나의 기도가 주의 앞에 분향함과 같이 되며 나의 손 드는 것이 저녁 제사 같이 되게 하소서

3 여호와여 내 입에 파수꾼을 세우시고 내 입술의 문을 지키소서

4 내 마음이 악한 일에 기울어 죄악을 행하는 자들과 함께 악을 행하지 말게 하시며 그들의 진수성찬을 먹지 말게 하소서

5 의인이 나를 칠지라도 은혜로 여기며 책망할지라도 머리의 기름 같이 여겨서 내 머리가 이를 거절하지 아니할지라 그들의 재난 중에도 내가 항상 기도하리로다

6 그들의 재판관들이 바위 곁에 내려 던져졌도다 내 말이 달므로 무리가 들으리로다

7 사람이 밭 갈아 흙을 부스러뜨림 같이 우리의 해골이 스올 입구에 흩어졌도다

8 주 여호와여 내 눈이 주께 향하며 내가 주께 피하오니 내 영혼을 빈궁한 대로 버려 두지 마옵소서

시편 읽고
시편 쓰자

9 나를 지키사 그들이 나를 잡으려고 놓은 올무와 악을 행하는 자들의 함정에서 벗어나게 하옵소서

10 악인은 자기 그물에 걸리게 하시고 나만은 온전히 면하게 하소서

30일 ▸ 놀라운 하나님의 은혜

저의 영어 이름은 그레이스입니다. 제 이름의 한자가 은혜 은(恩) 벼슬 경(卿) 이어서 은혜, 그레이스라고 제가 지었고, 그렇게 사용할 일은 많지 않았어도 정다운 이름입니다.

필립 얀시는 《놀라운 하나님의 은혜(What's so Amazing about Grace?)》라는 그의 책에서 은혜야말로 이 세상의 '마지막 최고의 단어'라고 말합니다. 세상은 은혜에 목말라 있습니다. 은혜에 목말라 하는 세상에 우리는 애쓰고 노력하지 않아도 하나님의 은혜를 거저 누릴 수 있습니다. 음악에서, 자연에서, 사랑하는 가운데, 은혜는 어디에나 있습니다. 은혜. 값없이 거저 얻어지는 것. 은혜 없는 세상을 향한 사랑과 용서의 메시지가 책을 가득 채우고 있습니다.

하루도 피나는 노력 없이는 생존할 수가 없는 위태로운 줄타기 세상입니다. 아이들은 한 줄로 서서 서로 앞다투어 경쟁하고, 청년들은 공부가 끝나도 일자리를 찾지 못하며, 가장들은 영세 사업체를 살리느라 영혼을 다 바쳐 일하고 있습니다. 다섯 명 중 한 사람이 65세 이상인 초고령 사회로 접어든 대한민국에서 이제 나이 먹은 사람은 내 몸 하나 건사하기도 민망한 세상이 되었습니다.

율법과 도덕, 이념으로 세상은 갈라지고 양분되어 있습니다. 그 어느 쪽에서 보더라도 자신은 순수세력, 상대는 불순세력으로 보입니다. 개인의 곤핍함을 넘어, 사회적인 곤고함으로 인해 더욱 더 삶이 고단한 때입니다.

다들 잘살고 있는 것 같고, 오로지 나만 슬프고 아픈 것 같고, 나에게만 없는 것이 많고, 있는 것이라고는 고난과 시련, 염려와 근심, 그 가운데 헤어나지 못하고 있는 것 같습니다.

그러나 은혜의 렌즈로 세상을 보면 이러한 나의 '불완전'이야말로 은혜를 누릴 수 있는 선결 조건입니다. 빛은 갈라진 틈으로만 새어드니까요. 너무 경직되어 살지 말아요. 그렇게 힘들게 신경 쓰고 그럴 만한 가치 있는 건 이 세상에 없어요. 꼭 잘하지 않아도 괜찮아요. 적당히 못 해도 괜찮아요.

세상을 구원하러 오신 예수님의 친구는 죄인, 버림받은 사람, 병자, 가난한 사람들이었습니다. 이들은 은혜에 목마른 사람들, 가면을 벗은 사람들이었습니다. 이에 비해 예수님의 대적은 공부 많이 하고 똑똑하며 부유하고 (그들이 스스로 생각하기에) 도덕적인 바리새인들과 제사장들이었구요.

이 책 가운데 인용된 C.S. 루이스는 하나님이 필요하다는 것을 어린아이처럼 순전하고 즐겁게 받아들이고 기쁨으로 완전히 의존하라고 합니다. 그러한 상태를 '즐거운 거지'라고 표현하며 우리의 상처와 흠집은 은혜가 흘러드는 틈이라고, 불완전하고 모자라고 연약하고 유한하다는 걸 받아들일 때 비로소 은혜를 받아 하나님께 가까이 갈 수 있다고 말합니다.

이 차갑고 완악한 세상에서 어떻게 은혜의 삶을 살아갈 것인지를 다룬 마지막 4부를 읽으며 흐르는 눈물을 주체할 수가 없었습니다. 다양한 록밴드들이 장장 열두 시간 동안 떠들썩하게 연주하고, 늘어선 스피커로 흘러나오는 굉음을 들으며 술과 마약에 취한 팬들이 극도로 흥분해 있는 런던 웸블리 스타디움 공연장. 그런데 마지막 순서로 기품 있는 흑인 여성 성악가 제시 노만이 나와 아카펠라로 천천히 〈나 같은 죄인 살리신(Amazing Grace)〉을 부르기 시작합니다.

나 같은 죄인 살리신 주 은혜 놀라워
잃었던 생명 찾았고 광명을 얻었네

칠만 명의 관중은 침묵합니다.

큰 죄악에서 건지신 주 은혜 고마워
나 처음 믿은 그 시간 귀하고 귀하다

3절에 이르자 수천 명이 따라 부릅니다.

이제껏 내가 산 것도 주님의 은혜라
또 나를 장차 본향에 인도해 주시리

거기서 우리 영원히 주님의 은혜로
해처럼 밝게 살면서 주 찬양하리라

다윗의 시

1 여호와여 내 기도를 들으시며 내 간구에 귀를 기울이시고 주의 진실과 의로 내게 응답하소서

2 주의 종에게 심판을 행하지 마소서 주의 눈 앞에는 의로운 인생이 하나도 없나이다

3 원수가 내 영혼을 핍박하며 내 생명을 땅에 엎어서 나로 죽은 지 오랜 자 같이 나를 암흑 속에 두었나이다

4 그러므로 내 심령이 속에서 상하며 내 마음이 내 속에서 참담하니이다

5 내가 옛날을 기억하고 주의 모든 행하신 것을 읊조리며 주의 손이 행하는 일을 생각하고

6 주를 향하여 손을 펴고 내 영혼이 마른 땅 같이 주를 사모하나이다 (셀라)

7 여호와여 속히 내게 응답하소서 내 영이 피곤하니이다 주의 얼굴을 내게서 숨기지 마소서 내가 무덤에 내려가는 자 같을까 두려워하나이다

8 아침에 나로 하여금 주의 인자한 말씀을 듣게 하소서 내가 주를 의뢰함이니이다 내가 다닐 길을 알게 하소서 내가 내 영혼을 주께 드림이니이다

9 여호와여 나를 내 원수들에게서 건지소서 내가 주께 피하여 숨었나이다

10 주는 나의 하나님이시니 나를 가르쳐 주의 뜻을 행하게 하소서 주의 영은 선하시니 나를 공평한 땅에 인도하소서

11 여호와여 주의 이름을 위하여 나를 살리시고 주의 의로 내 영혼을 환난에서 끌어내소서

12 주의 인자하심으로 나의 원수들을 끊으시고 내 영혼을 괴롭게 하는 자를 다 멸하소서 나는 주의 종이니이다

다윗의 시

1 나의 반석이신 여호와를 찬송하리로다 그가 내 손을 가르쳐 싸우게 하시며 손가락을 가르쳐 전쟁하게 하시는도다

2 여호와는 나의 사랑이시요 나의 요새이시요 나의 산성이시요 나를 건지시는 이시요 나의 방패이시니 내가 그에게 피하였고 그가 내 백성을 내게 복종하게 하셨나이다

3 여호와여 사람이 무엇이기에 주께서 그를 알아 주시며 인생이 무엇이기에 그를 생각하시나이까

4 사람은 헛것 같고 그의 날은 지나가는 그림자 같으니이다

5 여호와여 주의 하늘을 드리우고 강림하시며 산들에 접촉하사 연기를 내게 하소서

6 번개를 번쩍이사 원수들을 흩으시며 주의 화살을 쏘아 그들을 무찌르소서

7 위에서부터 주의 손을 펴사 나를 큰 물과 이방인의 손에서 구하여 건지소서

8 그들의 입은 거짓을 말하며 그의 오른손은 거짓의 오른손이니이다

9 하나님이여 내가 주께 새 노래로 노래하며 열 줄 비파로 주를 찬양하리이다

10 주는 왕들에게 구원을 베푸시는 자시요 그의 종 다윗을 그 해하려는 칼에서 구하시는 자시니이다

11 이방인의 손에서 나를 구하여 건지소서 그들의 입은 거짓을 말하며 그 오른손은 거짓의 오른손이니이다

12 우리 아들들은 어리다가 장성한 나무들과 같으며 우리 딸들은 궁전의 양식대로 아름답게 다듬은 모퉁잇돌들과 같으며

13 우리의 곳간에는 백곡이 가득하며 우리의 양은 들에서 천천과 만만으로 번성하며

14 우리 수소는 무겁게 실었으며 또 우리를 침노하는 일이나 우리가 나아가 막는 일이 없으며 우리 거리에는 슬피 부르짖음이 없을진대

15 이러한 백성은 복이 있나니 여호와를 자기 하나님으로 삼는 백성은 복이 있도다

시편 읽고
시편 쓰자

어려서 저의 꿈은 내 이름을 걸은 책 한 권을 내는 것이었습니다. 감사하게도 굽이굽이 삶의 길목마다 경험하고 느낀 이야기를 엮어 그동안 아홉 권의 책을 썼습니다.

9시 뉴스 진행하며 그 경험과 청년들에게 주는 메시지를 써서 《9시 뉴스를 기다리며》, 음악방송을 진행하며 《그림이 있는 음악여행》과 음악 수필집 《당신을 필요로 하는 사람이 곁에 있습니까》를 펴냈습니다. 결혼하고 정치하는 남편을 도운 경험과 그 여정을 기록한 《사랑이 뭐길래 정치가 뭐길래》, 아이를 키우고 가정 살림에 몰두하며 써낸, 이야기가 있는 요리책 《신은경의 신나는 요리》가 세상에 나왔습니다. 이어 제 인생의 하프 타임을 지나며 나의 정체성과 사명을 깨닫고 쓴 《홀리 스피치》와 《신은경의 차차차》가 나왔고, 빛나는 은퇴 후를 계획하며 《내 나이가 나를 안아주었습니다》도 썼습니다.

그리고 지난해 필사집《잠언 읽고 잠언 쓰자》를 펴내 필사 시대를 열었고, 이제《시편 읽고 시편 쓰자》로 저의 책 열 번째 자리를 채우게 되었습니다.

'엄마는 떡을 썰 테니 너는 글을 읽어라' 하며, 지난해 제가 잠언 필사집을 쓸 때 곁에서 변호사 시험 준비를 하던 딸은 감사하게도 합격해 사회생활을 시작했습니다. 그리고 늘 곁에서 격려하는 남편은 이번에도 '당신 글은 참 통통해'라며 알 듯 모를 듯 독특한 말로 저를 응원해 주었습니다.

잠언 필사책이 세상에 나왔으니, 당연히 다음은 시편이라며 기다려 주시고 힘을 북돋아 주신 마음의숲 모든 분께 진심으로 감사드리고, 필사적으로 필사하고 계신 '잠언 필사단' 여러분들이 저의 든든한 지원군이었다고 고백합니다. 모든 것이 하나님의 은혜입니다. 감사합니다.

이제 책이 마무리되었으니, 연초엔 미루어 두었던 백내장 수술을 고려해 봐야 할 것 같습니다.

> 내 이름을 경외하는 너희에게는 공의로운 해가 떠올라서 치료하는 광선을 비추리니 너희가 나가서 외양간에서 나온 송아지 같이 뛰리라
> (말라기 4:2)

시편 읽고 시편 쓰자

1판 1쇄 발행 2025년 2월 15일

글 신은경
발행인 신혜경
발행처 마음의숲

편집이사 권대웅
편집 조혜민
디자인 박소희 이윤교
마케팅 노근수

출판등록 2006년 8월 1일(2006 - 0001595호)
주소 서울시 마포구 와우산로30길 36 마음의숲빌딩(창전동 6 - 32)
전화 (02) 322−3164~5 | 팩스 (02) 322−3166
이메일 maumsup@naver.com
인스타그램 @maumsup
용지 월드페이퍼(주) 인쇄 · 제본 (주)상지사 P&B

ISBN 979-11-6285-167-8 (03230)

* 값은 뒤표지에 있습니다.